Peter Pan

Ein Leseprojekt
nach dem
gleichnamigen Kinderbuch
von
James M. Barrie

erarbeitet
von
Katja Eder

Illustrationen
von
Marei Schweitzer

Cornelsen

Inhaltsverzeichnis

Auf Seiten mit diesem Bild findest du Aufgaben.

Kapitel 1

Alle Kinder außer einem werden erwachsen. Sie erfahren es bald, dass sie erwachsen werden müssen.

Und Wendy hat es so erfahren: Als sie zwei Jahre alt war, spielte sie im Garten, sie pflückte eine Blume und rannte zu ihrer Mutter. Mrs Darling griff sich ans Herz und rief: „Ach, warum kannst du nicht immer so bleiben!“ Seither wusste Wendy, dass sie erwachsen werden musste.

Wendy kam zuerst, dann John, dann Michael. Bald gingen alle drei in einer Reihe zu „Miss Fulsoms Kindergartenschule“ – in Begleitung ihres Kindermädchens. Da die Darlings arm waren, war dieses Kindermädchen eine Hündin namens Nana, die keinem gehörte, bis sie zu den Darlings in Stellung ging. Und sie war ein ganz fabelhaftes Kindermädchen.

Nie gab es eine einfachere, glücklichere Familie – bis Peter Pan kam. Mrs Darling hörte von Peter zum ersten Mal, als sie die Gedanken ihrer Kinder aufräumte. Jede Mutter kramt abends in den Gedanken ihrer Kinder, wenn sie schlafen, und ordnet sie für den nächsten Morgen und packt alles wieder an den rechten Platz.

Gelegentlich fand Mrs Darling bei ihren Reisen durch die Gedanken ihrer Kinder Dinge, die sie nicht verstehen konnte. Am verblüffendsten war der Name Peter Pan. Der Name trat in dickeren Buchstaben auf als irgendein anderes Wort. Mrs Darling hatte das Gefühl, dass er merkwürdig unverschämt aussah.

„Ja, er ist ziemlich unverschämt“, gab Wendy mit Bedauern zu. Ihre Mutter hatte sie ausgefragt. „Aber wer ist das, mein Schatz?“ „Das ist Peter Pan, weißt du, Mama.“ Zuerst wusste Mrs Darling es keineswegs. Aber als sie an ihre Kindheit zurückdachte, erinnerte sie sich doch an einen Peter Pan, von dem es hieß, er wohne bei den Feen.

Mrs Darling hatte damals an ihn geglaubt. Jetzt, wo sie verheiratet war und sehr vernünftig, zweifelte sie doch, ob es so jemanden wirklich gab. „Außerdem“, sagte sie, „wäre Peter Pan mittlerweile erwachsen.“ „O nein, er ist nicht erwachsen“, sagte Wendy entschieden, „er ist genauso groß wie ich.“ Sie wusste nicht, woher sie das wusste. Sie wusste es einfach.

Mrs Darling fragte Mr Darling um Rat, aber der lächelte nur verächtlich. „Das ist irgendein Unsinn. Lass nur, das geht vorüber“, sagte er. Aber es wollte nicht vorübergehen.

Und bald versetzte der ungeratene Knabe Mrs Darling einen ziemlichen Schock. Einige Blätter von einem Baum waren auf dem Boden des Kinderzimmers gefunden worden. Sie waren bestimmt noch nicht da gewesen, als die Kinder zu Bett gegangen waren. Als Mrs Darling darüber rätselte, sagte Wendy mit einem nachsichtigen Lächeln: „Ich glaube, das war wieder dieser Peter Pan!“

„Was meinst du damit, Wendy?“, fragte Mrs Darling. „Es ist so ungezogen von ihm, dass er nicht sauber macht“, seufzte Wendy. Und dann erklärte sie ganz sachlich, dass sie glaube, Peter käme manchmal nachts ins Kinderzimmer und säße am Fußende ihres Bettes und spiele ihr auf seiner Flöte vor. Leider wachte sie nie auf – aber sie wusste es einfach.

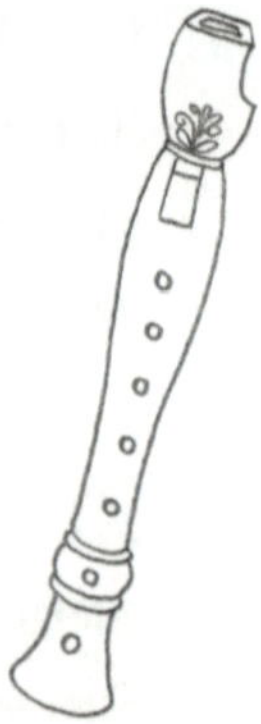

„Was redest du für einen Unsinn, Schätzchen. Keiner kann ins Haus, ohne anzuklopfen.“ „Ich glaube, er kommt durchs Fenster“, sagte Wendy. „Liebling, das ist drei Stockwerke hoch.“ Mrs Darling wusste nicht, was sie denken sollte. Bestimmt hatte Wendy geträumt.

Fortsetzung folgt

1. **Wer gehört alles zur Familie Darling?**
   Tipp: Lies auf den Seiten 4 und 5 nach.

a) **Male jedes Familienmitglied und auch das Kindermädchen in einen Rahmen.**

b) **Schreibe die Namen dazu.**

Mrs ______________________

Mr ______________________

____

____

____

____

2. Wie sind Hunde? Wie sind Kindermädchen?
Berate dich mit anderen Kindern.

a) Schreibe rund um den Hund Adjektive (Wiewörter), die zu einem Hund passen, z. B.: treu, bissig usw.

b) Kreise die Adjektive (Wiewörter) ein, die gut zu einem Kindermädchen passen.

lieb böse lustig aufmerksam

ernst streng jung alt

c) Haben Hunde und Kindermädchen gleiche Eigenschaften? Diskutiere mit anderen Kindern.

3. Familie Darling lebt in England.
   Dort heißt die Anrede für Frauen nicht „Frau …“,
   sondern „Misses …“.
   Und es heißt nicht „Herr …“, sondern „Mister …“.
   Verbinde die englischen Wörter
   mit der richtigen Kurzform.

Mister	Mrs
Misses	Mr

4. Fragt eure Lehrerin oder euren Lehrer,
   wie die englischen Wörter und die Abkürzungen
   ausgesprochen werden.
   Fragt auch nach der Aussprache dieser Namen:
   Wendy, John, Michael und Mrs Fulsom.

5. Befrage Erwachsene
   zu ihrer Kindheit.
   Frage so: Was gehörte für dich
   zu deiner Kindheit?
   Oder: Was gehörte für Sie
   zu Ihrer Kindheit?
   Notiere zu jeder Antwort Stichworte auf ein Blatt.
   Male den Erwachsenen neben die Stichworte.

Kapitel 2

Wendy hatte nicht geträumt, wie schon der nächste Abend bewies: der Abend, an dem die ungewöhnlichen Abenteuer dieser Kinder ihren Anfang nahmen. An diesem Abend waren alle Kinder schon im Bett. Nana hatte zufällig frei. Mrs Darling hatte die drei gebadet und ihnen etwas vorgesungen, bis eines nach dem anderen ihre Hand losließ und sanft einschlief.

Mrs Darling setzte sich ans Feuer, um zu nähen. Doch bald ließ sie den Kopf sinken und schlief. Im Schlaf hatte Mrs Darling einen Traum. Sie träumte, dass das Niemalsland sehr nah herangekommen und ein fremder Junge aus ihm ausgebrochen wäre – hierher. Und während sie träumte, flog das Fenster auf, und ein Junge fiel auf den Fußboden.

Ein seltsames Licht begleitete ihn, nicht größer als eine Faust. Es sauste durch das Zimmer wie etwas Lebendiges. Es muss dieses Licht gewesen sein, das Mrs Darling weckte. Mit einem Schrei sprang sie auf und sah den Jungen, und irgendwie wusste sie sofort, dass das Peter Pan war.

Peter Pan war ein hübscher Junge, mit Laub und Spinnweben bekleidet. Aber das Erstaunlichste an ihm war, dass er noch alle seine ersten Zähne hatte. Als Peter Pan sah, dass Mrs Darling erwachsen war, knirschte er böse mit den kleinen Perlen.

Mrs Darling schrie. Und als hätte man nach ihr geläutet, kam Nana herein, zurück von ihrem Abendausflug. Sie knurrte und schnappte nach dem Jungen, der rasch aus dem Fenster sprang. Doch Nana hatte es schnell zugemacht – zu spät, um den Kerl zu erwischen, aber sein Schatten konnte nicht mehr mit hinaus. Das Fenster knallte zu und riss ihn ab.

Mrs Darling untersuchte den Schatten genau, aber es war ein ganz gewöhnlicher Schatten. Sie rollte ihn auf und verstaute ihn sorgfältig in einer Schublade, bis eine Gelegenheit käme, ihrem Mann davon zu erzählen.

Die Gelegenheit kam eine Woche später, an jenem unvergesslichen Freitag. Natürlich war es ein Freitag.

Fortsetzung folgt

1. Auf einmal kommt ein Junge durch das Fenster und bringt das Leben der Familie durcheinander. Fülle den Steckbrief zu dem Jungen aus. Schreibe die Angaben aus dem Kasten ab.

Laub und Spinnweben / unverschämt /
die ersten Zähne / Peter Pan / bei den Feen /
genauso groß wie Wendy

Name: ______________________

Eigenschaft: ______________________

Wohnort: ______________________

Größe: ______________________

Kleidung: ______________________

besonderes Merkmal: ______________________

2. **Was verliert Peter Pan, als er das Kinderzimmer plötzlich verlässt?**
   Schreibe es in die Schublade.
   Tipp: Lies dazu auf Seite 12 nach.

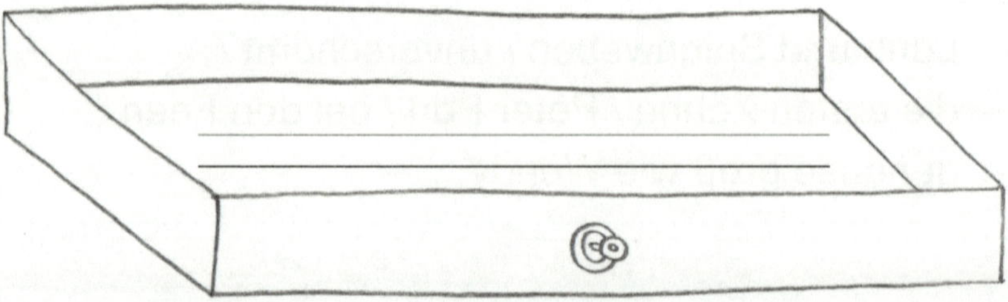

3. **Es kommt ein unvergesslicher Freitag auf Familie Darling zu.**

a) **Was könnte an dem Freitag passieren?**
   Sprich mit einem anderen Kind darüber.

b) **Was vermutest du?**
   Schreibe oder male in den Rahmen.

4. Peter wird in Mrs Darlings Traum von einem seltsamen Licht begleitet. Wer begleitet Peter Pan tatsächlich? Verbinde die Zahlen, dann siehst du es.

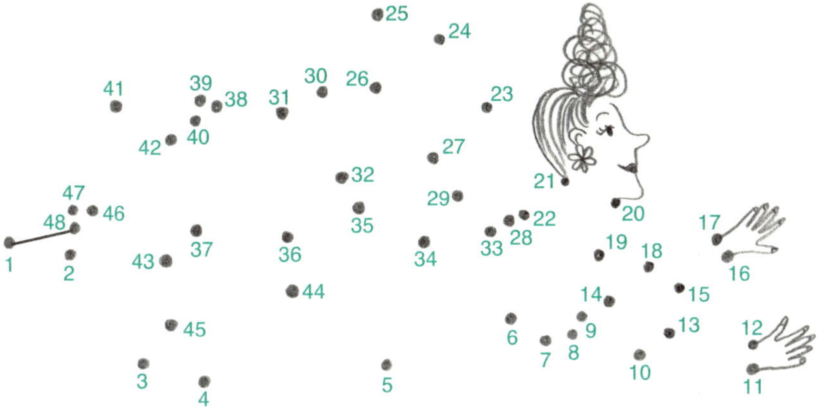

5. Mrs Darling singt ihren Kindern zum Einschlafen immer etwas vor. Was würdest du gern zum Einschlafen machen oder bekommen? Kreuze an oder schreibe auf.

- ❑ Ich würde gern etwas vorgelesen bekommen.
- ❑ Ich möchte zusammen mit einem Freund oder einer Freundin den Himmel angucken.
- ❑ Ich würde am liebsten noch etwas Musik hören.
- ❑ Ich würde einem lieben Menschen gern erzählen, was ich am nächsten Tag alles erleben möchte.

____

____

Kapitel 3

Es war am Abend. Er hatte so harmlos angefangen, genau wie hundert andere Abende.

Nana hatte Wasser für Michaels Bad einlaufen lassen und trug ihn auf dem Rücken ins Badezimmer.

„Ich will nicht ins Bett“, hatte Michael gerufen. „Ich will nicht, ich will nicht. Nana, es ist noch nicht sechs. O nein, o nein, ich hab dich nicht mehr lieb, Nana. Ich will nicht baden, ich will nicht, ich will nicht.“

Kurz darauf hatte Mrs Darling die Kinder zu Bett gebracht, in ungewohnter Stille. Sie hatte ihre Nachtlichter angezündet. Mrs Darling ging zitternd ans Fenster. Es war fest verschlossen. Sie schaute hinaus. Der Himmel war mit Sternen übersät. Eine unbestimmte Furcht ergriff ihr Herz und sie rief: „Ach, wenn ich doch heute nicht ausgehen müsste!“

Mrs Darling ging von Bett zu Bett und sang jedem ein Schlaflied vor. Der kleine Michael schlang seine Arme um sie. „Mama“, rief er, „ich mag dich so!“ Das waren die letzten Worte, die sie für lange Zeit von ihm hören sollte.

Eine Weile, nachdem Mr und Mrs Darling das Haus verlassen hatten, flackerten die Nachtlichter, fingen an zu gähnen, und ehe sie den Mund wieder zukriegten, gingen alle drei aus. Jetzt war ein anderes Licht im Zimmer, tausendmal heller als die Nachtlichter. Und es war schon in allen Schubladen des Kinderzimmers gewesen, um Peters Schatten zu suchen.

Es war kein richtiges Licht. Etwas verbreitete dieses Licht, indem es schnell hin und her schoss. Es war eine Fee. Nicht größer als eine Hand, aber sie wuchs noch. Sie hieß Tinker Bell und war elegant gekleidet in ein geripptes Blatt. Es war ordentlich ausgeschnitten, sodass ihre Figur bestens zur Geltung kam. Sie hatte allerdings ein bisschen Bauch.

Kaum war die Fee hereingekommen, da ging das Fenster auf und Peter fiel ins Zimmer. Er hatte Tinker Bell einen Teil des Wegs getragen und seine Hände waren noch voll von Feenstaub. „Tinker Bell!“, rief er leise, nachdem er sich vergewissert hatte, dass die Kinder schliefen. „Tink, wo bist du?“

Die lieblichsten Klänge, wie von goldenen Glöckchen, antworteten ihm. Das ist die Feensprache. Tink sagte, dass sich der Schatten in der großen Kiste befände. Sie meinte die Kommode. Peter sprang in die Schubladen und verstreute ihren Inhalt mit beiden Händen auf dem Boden. Schnell fand er seinen Schatten. Und in seiner Freude fiel ihm gar nicht auf, dass er Tinker Bell im Schubfach eingesperrt hatte.

Peter holte Seife aus dem Bad und versuchte, sich den Schatten damit anzukleben. Aber das ging nicht. Da setzte er sich auf den Boden und heulte. Sein Schluchzen weckte Wendy und sie richtete sich im Bett auf. „Junge“, sagte sie höflich, „warum weinst du denn?“

„Wie heißt du?“, fragte Peter.
„Wendy Moira Angela Darling“, sagte sie nicht ohne Stolz, „und wie heißt du?“
„Peter Pan.“
„Ist das alles?“
„Ja“, sagte er ziemlich spitz. Zum ersten Mal hatte er das Gefühl, dass sein Name zu kurz war.

Wendy fragte, wo er wohne.
„Die Zweite rechts“, sagte Peter, „und dann geradeaus bis morgen.“
„Das ist eine komische Adresse!“
Da sah Wendy den Schatten auf dem Boden. Sie holte den Nähkasten und nähte den Schatten an Peters Fuß.

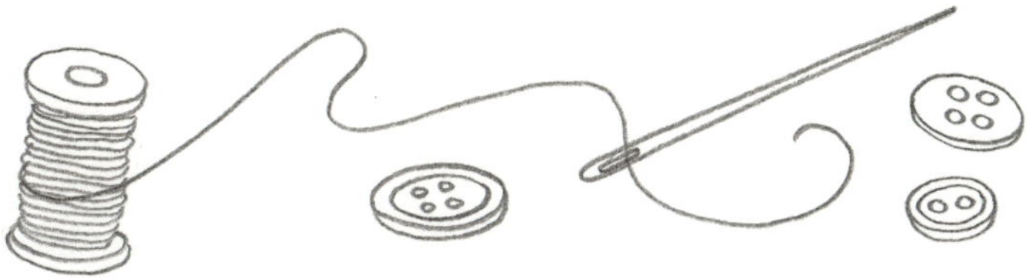

Peter sprang fröhlich im Zimmer umher. Er hatte schon vergessen, dass er sein Glück Wendy verdankte. Er glaubte, er hätte den Schatten selbst angenäht. „Wie schlau ich bin!“, krähte er. Er war der Hochnäsigste von allen. Wendy war geschockt. „Bist du eingebildet!“, rief sie. „Ich habe wohl gar nichts gemacht?“

Wendy fragte Peter, wie alt er sei. „Ich weiß nicht“, antwortete er, „aber ziemlich jung. Ich bin weggelaufen, gleich als ich geboren wurde.“ Jetzt war er furchtbar aufgeregt. „Ich will aber nicht groß werden“, sagte er heftig. „Ich will immer ein kleiner Junge sein und Spaß haben. Darum bin ich weggelaufen.“

Wendy schaute ihn bewundernd an. Sie sagte, dass sie ihm einen Kuss geben würde. Aber Peter wusste nicht, was sie meinte, und hielt die Hand auf. Weil sie ihn nicht kränken wollte, gab sie Peter einen – Fingerhut.

Fortsetzung folgt

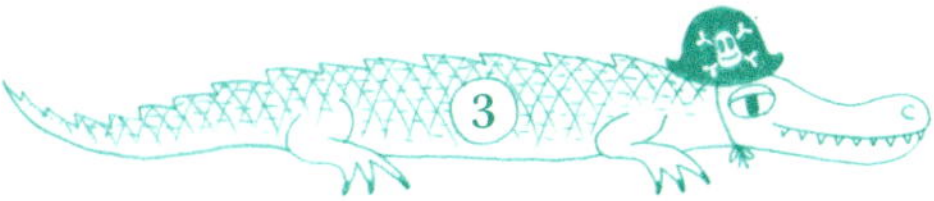

1. Mrs Darling bringt die Kinder zu Bett. Sie will an diesem Abend noch mit Mr Darling ausgehen. Sind die Sätze richtig oder falsch?
Tipp: Lies dazu auf den Seiten 16 und 17 nach.

	richtig	falsch
Michael will nicht ins Bett.	❑	❑
Mrs Darling freut sich schon sehr darauf auszugehen.	❑	❑
Das Fenster ist weit geöffnet.	❑	❑
Mrs Darling erzählt jedem Kind eine Gute-Nacht-Geschichte.	❑	❑
Michael ruft: „Mama, ich mag dich so!“	❑	❑

2. Wer ist auf einmal im Kinderzimmer? Schreibe auf die Linie.

____

der Zauberer von Oz / die Fee Tinker Bell

**3. Was hat Peter Pan an den Händen?
Schreibe in die Kästchen.**

~~st~~ ~~ee~~ n b au F

	e	e		s	t			

4. Tinker Bell findet Peters Schatten in einem Möbelstück.

a) Verbinde jedes Möbelstück mit dem passenden Nomen (Namenwort).

b) In welchem Möbelstück findet Tinker Bell den Schatten von Peter? Male das Möbelstück farbig aus.

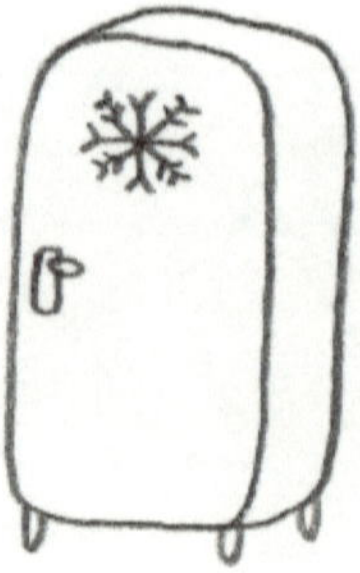

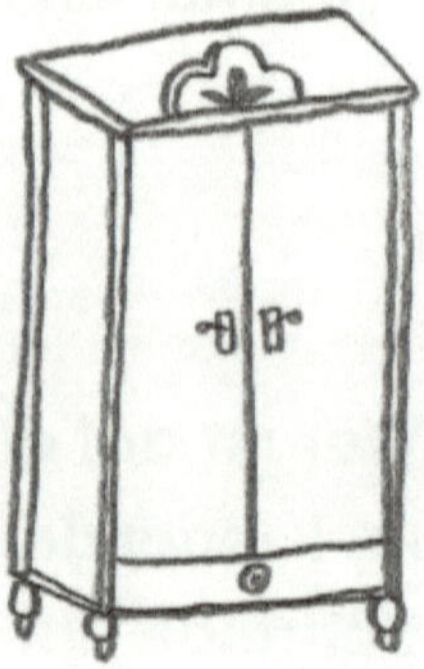

die Kommode

der Kühlschrank

der Kleiderschrank

5. Peter weint. Was tut Wendy, um ihm zu helfen?
Kreuze den richtigen Satz an.

- ❑ Wendy singt ihm ein Lied vor.
- ❑ Wendy näht den Schatten an Peters Fuß.
- ❑ Wendy zieht ihm einen Splitter aus dem Fuß.

6. Wendy fragt Peter, wo er wohnt.
Welche Adresse nennt Peter?
Schreibe auf den Wegweiser.
Tipp: Lies dazu auf Seite 19 nach.

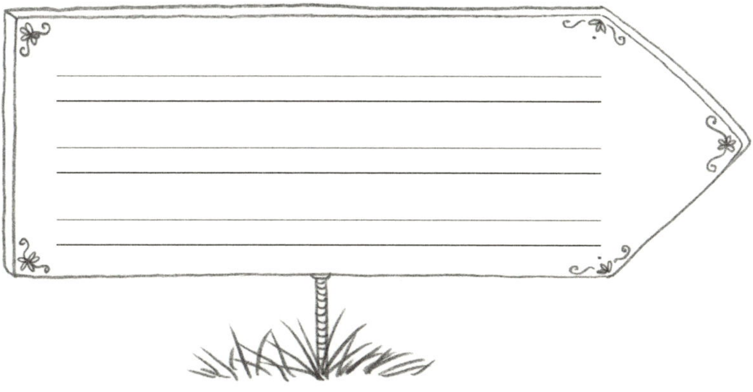

7. Wendy gibt Peter einen Fingerhut.
Der schützt den Finger beim Nähen.
Kreise den Fingerhut ein.

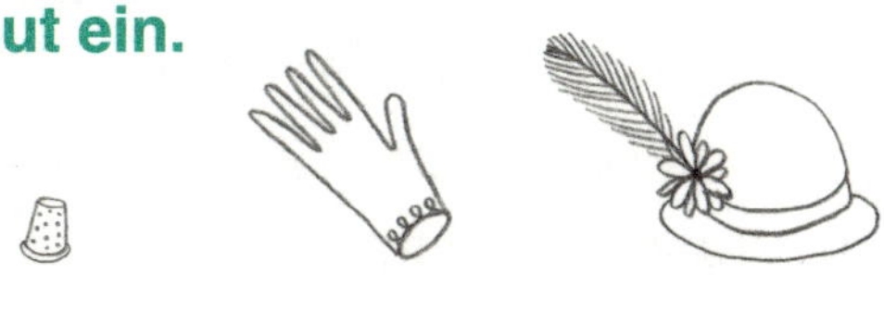

Kapitel 4

Es kam ein Geklingel aus der Kommode. Peter strahlte übers ganze Gesicht. „Wendy“, flüsterte er fröhlich, „ich glaub, ich habe die Fee Tinker Bell im Schubfach eingesperrt.“ „Peter“, rief Wendy, „du willst doch wohl nicht behaupten, dass eine Fee in diesem Zimmer ist!“ Peter befreite die arme Tinker Bell. Und sie flog durchs Zimmer und schrie vor Wut und verschwand im Bad.

Wendy und Peter setzten sich zusammen in den Lehnstuhl, und Wendy überhäufte ihn weiter mit Fragen.

„Wohnst du noch immer bei den Feen?“

„Manchmal schon.“

„Aber wo wohnst du die meiste Zeit?“

„Bei den verlorenen Jungen.“

„Bei wem?“

„Das sind die Kinder, die aus dem Kinderwagen fallen, wenn das Kindermädchen nicht aufpasst. Wenn sie nach einer Woche nicht abgeholt werden, dann werden sie kostenlos ins Niemalsland geschickt. Ich bin ihr Hauptmann.“

„Das muss lustig sein!“, rief Wendy.

„Doch, schon“, sagte der listige Peter, „aber wir sind ziemlich einsam. Wir haben keine weibliche Gesellschaft.“

„Sind gar keine Mädchen dabei?“

„Nein, nein. Mädchen sind viel zu klug, die fallen nicht aus dem Kinderwagen.“

Das schmeichelte Wendy enorm.

Wendy war nur ein bisschen enttäuscht, als Peter sagte, dass er nicht ihretwegen gekommen sei, sondern weil er Geschichten hören wollte.

„Weißt du, keiner von den verlorenen Jungen kennt irgendeine Geschichte“, erklärte Peter. „Ich könnte den Jungs Geschichten erzählen!“, rief Wendy. Da packte er sie und schleppte sie zum Fenster. „Lass mich!“, rief sie gereizt. „Wendy, komm doch mit und erzähl den anderen was!“ „Nein, nein, das geht nicht. Wegen Mama! Und außerdem kann ich nicht fliegen.“

„Ich zeig es dir!“, rief Peter. Da lief Wendy zu ihren Brüdern und schüttelte sie. „Aufwachen!“, rief sie. „Peter Pan ist da und zeigt uns, wie man fliegt.“ Peter flog einmal im Zimmer herum und landete auf dem Kamin. Es sah wirklich sehr einfach aus. Sie versuchten es zuerst vom Boden und dann von den Betten, aber immer ging es runter und nicht rauf.

„Ihr müsst einfach an was Schönes denken“, sagte Peter, „dann heben euch die Gedanken in die Luft.“ Er zeigte es ihnen noch einmal. Doch keiner von ihnen konnte auch nur einen Zentimeter vom Boden abheben.

Natürlich hatte sich Peter einen Spaß erlaubt, denn keiner kann fliegen, wenn er nicht vorher mit Feenstaub bepustet wird. Zum Glück hatte Peter noch Feenstaub auf seiner Hand, und so blies er etwas davon auf die drei Kinder – mit Erfolg.

Sie stolperten durch die Luft und ihre Köpfe bumsten an die Decke. Es ging rauf und runter, hin und her. „Himmlisch!“, sagte Wendy. „Du“, rief John, „warum fliegen wir nicht weg?“ Natürlich, darauf hatte Peter bloß gewartet. Michael war bereit. Aber Wendy zögerte. Genau in diesem Augenblick kamen Mr und Mrs Darling nach Hause.

Sie schauten zum Kinderzimmerfenster hinauf. Es war geschlossen, aber das Zimmer taghell. Und auf dem Vorhang sahen sie Schatten von drei kleinen Gestalten im Nachthemd – in der Luft. Nicht drei Gestalten, vier! Und sie hätten das Zimmer rechtzeitig erreicht, wären da nicht die Sterne gewesen: Sie pusteten das Fenster auf. „Kommt!“, rief Peter und segelte hinaus in die Nacht. Und John und Michael und Wendy hinterher.

Fortsetzung folgt

**1. Peter erzählt Wendy von den verlorenen Jungen.
Streiche die falschen Sätze durch.
Tipp: Lies dazu auf Seite 25 nach.**

Die verlorenen Jungen sind Kinder,
die aus dem Kinderwagen fallen.

Sie werden kostenlos ins Niemalsland geschickt.

Die verlorenen Jungen laufen von zu Hause weg,
bevor sie in die Schule müssen.

Peter ist ihr Hauptmann.

Sie kneifen ihre Kindermädchen in den Arm.

**2. Peter sagt, dass schöne Gedanken einen
in die Luft heben.
Schreibe einen schönen Gedanken in die Wolke.
Wenn du ihn keinem anderen zeigen möchtest,
male die Wolke danach dunkelblau aus
oder überklebe sie.**

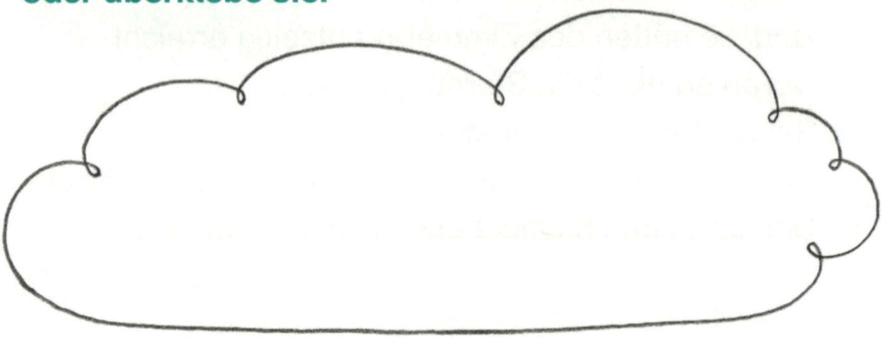

3. **Mr und Mrs Darling stürzen in das Kinderzimmer. Das Zimmer ist leer.**

a) **Was ist passiert? Schreibe auf die Linien.**

b) **Was werden Mrs Darling und Mr Darling jetzt denken? Schreibe in die Denkblasen.**

4. **Die Kinder fliegen mit Peter ins Niemalsland. Wie fühlen sich Wendy, John und Michael? Diskutiere mit einem anderen Kind.**

Kapitel 5

„Die Zweite rechts und dann geradeaus bis morgen“, hatte Peter gesagt. Das war der Weg ins Niemalsland. Aber selbst die Vögel, die Landkarten bei sich haben und sie an windigen Ecken studieren, hätten es mit diesen Angaben nicht finden können.

Doch nach vielen Monaten kamen sie tatsächlich an, und sie waren, erstaunlich genug, die ganze Zeit ziemlich genau auf ihr Ziel zugeflogen. Die Insel erwartete sie und hielt nach ihnen Ausschau. Nur so kann ein Mensch diese Zauberstrände finden.

Von allen erdenklichen Inseln ist Niemalsland die gemütlichste und engste. Sie ist nicht groß und mit ermüdenden Abständen zwischen einem Abenteuer und dem nächsten, sondern schön vollgestopft. „Da ist sie“, sagte Peter ruhig. „Wo, wo?“, riefen die Kinder. „Da, wohin die Pfeile zeigen.“

Tatsächlich zeigten Millionen goldener Pfeile den Kindern die Insel. Die waren ausgeschickt von der Sonne, die sicher sein wollte, dass die Kinder den Weg auch fanden, bevor die Nacht kam.

Früher, zu Hause, hatte das Niemalsland immer ein bisschen dunkel und unheimlich ausgesehen, abends, zur Schlafenszeit. Und das Brüllen der wilden Tiere klang jetzt ganz anders. Man war nicht mehr sicher, dass man als Sieger aus der Geschichte hervorgehen würde.

Zu Hause hatten Nachttischlichter gebrannt. Natürlich war das Niemalsland damals nur Einbildung gewesen. Aber nun war es wirklich. Es gab keine Lichter, und es wurde immer finsterer.

Sie waren jeder für sich geflogen, aber nun drängten sich alle eng an Peter. Seine Augen funkelten, und die Kinder spürten ein Kribbeln, wenn sie ihn berührten. Sie flogen über der fürchterlichen Insel, so tief, dass manchmal Zweige ihre Gesichter streiften. Manchmal hingen sie fest, bis Peter mit seinen Fäusten drauflosgeschlagen und sie befreit hatte.

Peters Furchtlosigkeit war zum Fürchten. „Willst du jetzt ein Abenteuer“, fragte er John. „Oder willst du erst eine Tasse Tee?“ „Was für ein Abenteuer?“, fragte John vorsichtig. „Genau unter uns, da schläft ein Pirat“, erklärte Peter. „Wenn du willst, stürzen wir uns auf ihn.“ John sagte: „Toll!“, aber er nahm lieber Tee. Er fragte, ob viele Piraten auf der Insel seien. Und Peter sagte: „Mehr als je zuvor.“

„Wie heißt ihr Kapitän?“, fragte John. „Hook*“, antwortete Peter, und sein Gesicht verfinsterte sich, als er den Namen aussprach. „James Hook?“, rief John. „Ay, ay.“ Da fing Michael an zu heulen.

* sprich: Huk

Und selbst John schnürte es die Kehle zu, denn er hatte viel Böses von Hook gehört.
„Er war der Bootsmann des Schwarzen Korsaren“, flüsterte John heiser. „Er ist der Schlimmste von allen.“
„Genau“, sagte Peter.
„Wie sieht er aus? Ist er groß?“, fragte John.
„Nicht so wie früher“, antwortete Peter.
„Was soll das heißen?“, fragte John.

„Ich hab ein Stück von ihm abgesäbelt.“
„Du?“, rief John.
„Ja, ich“, sagte Peter scharf.
„Entschuldige, ich wollte dich nicht beleidigen“, sagte John.
„Schon gut.“
„Aber sag mal, welches Stück?“
„Die rechte Hand.“
„Dann kann er nicht mehr kämpfen?“
„O doch!“, rief Peter.

„Linkshänder?“, fragte John.
„Er hat einen eisernen Haken anstelle der rechten Hand, seine Klaue“, erklärte Peter.
„Klaue!“, wiederholte John.

„Du, John!“, sagte Peter.

„Ja.“

„Sag: Ay, ay, Sir!“

„Ay, ay, Sir!“

„Eins muss jeder Junge, der mir dient, versprechen, und das musst du auch.“

John wurde bleich.

„Wenn wir Hook im offenen Kampf begegnen, musst du ihn mir überlassen“, bat Peter.

„Versprochen“, sagte John ergeben.

Jetzt war es schon nicht mehr ganz so unheimlich, weil Tinker Bell bei ihnen war. In ihrem Licht konnten sie einander wenigstens erkennen.

Fortsetzung folgt

1. **Hier siehst du Niemalsland.**
   Wie stellst du es dir auf der Insel vor?
   Was gibt es zu sehen? Zeichne es auf die Insel.

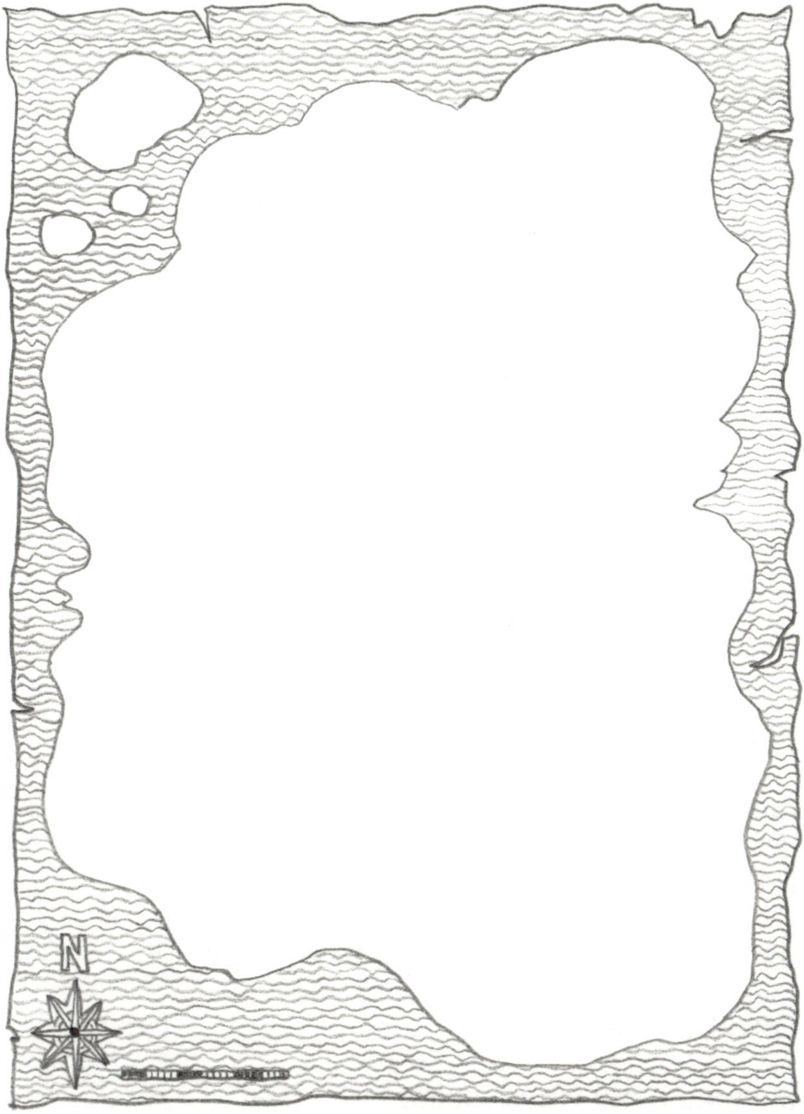

**2. Peter Pan liebt Abenteuer. Wie ist er?
Unterstreiche das passende Adjektiv (Wiewort).**

ängstlich mutlos furchtlos zaghaft

**3. Peter erzählt den Kindern
von dem Gefährlichsten aller Piraten.
Wer ist das?
Ergänze die fehlenden Buchstaben.
Lies dazu auf Seite 32 nach.**

Der Gefährlichste aller Piraten

ist Kapitän J _ _ e _ H _ _ k.

**4. Was hast du über Kapitän Hook noch erfahren?
Ergänze die fehlenden Wörter.
Tipp: Lies dazu die Seite 33.**

Kapitän Hook war früher der ____________________

des Piratenschiffs Schwarzer Korsar.

Peter Pan erzählt, dass er Hook im Kampf

die ________________ Hand abgesäbelt hat.

Jetzt hat Hook einen ________________ Haken

anstelle einer Hand, seine ________________.

5. John muss Peter etwas versprechen.
Wer sagt was? Schreibe in die Sprechblasen.

Wenn wir Hook im offenen Kampf

begegnen, musst ______________________

____

____

____

____

6. Seeleute sagen „Ay, ay, Kapitän!“,
das wird so ausgesprochen: Ei, ei, Kapitän.
Welcher Ausruf hat die gleiche Bedeutung?
Berate dich mit einem anderen Kind.
Kreuze dann an.

- ☐ „Guten Morgen, Kapitän!“
- ☐ „Heute nicht, Kapitän!“
- ☐ „Wird gemacht, Kapitän!“
- ☐ „Bis bald, Kapitän!“

Kapitel 6

Während Peters Abwesenheit ist meistens alles ruhig auf der Insel.
Die Feen schlafen morgens eine Stunde länger, die wilden Tiere kümmern sich um ihre Jungen, und wenn die Piraten die verlorenen Jungen treffen, lutschen sie nur verlegen am Daumen.
Aber wenn Peter auftaucht, der Verschlafenheit nicht leiden kann, sind alle gleich munter.

Die Zahl der Jungen auf der Insel schwankt. Wenn sie anfangen erwachsen zu werden, was gegen die Regel verstößt, sorgt Peter dafür, dass sich die Zahl verringert. Zu diesem Zeitpunkt sind es sechs, wenn man die Zwillinge als zwei rechnet. Alle Jungen tragen Felle von Bären, die sie selbst erlegt haben. Sie schleichen über die Insel, die Hand am Dolch.

Der Erste ist Tootles[*1]. Er ist zwar genauso mutig wie die anderen, aber er ist der Pechvogel der Bande. Darum ist er auch der Bescheidenste von ihnen. Als Nächster kommt Nibs, der Gutmütige und ewig Gutgelaunte. Danach Slightly[*2], der sich Flöten schnitzt und zur eigenen Musik ausgelassen tanzt. Er ist der Eingebildetste von allen.

Der Vierte heißt Curly[*3]. Das ist ein Früchtchen! Meistens musste er vortreten, wenn Peter streng verlangte: „Wer das getan hat, trete vor.“ Zuletzt kommen die Zwillinge, die man einfach nicht beschreiben kann, weil man todsicher den falschen beschreiben würde.

*1 sprich: Tuttel, *2 sprich: Sleitli, *3 sprich: Körli

Die Jungen verschwinden in der Dunkelheit, und nach einer Weile kommen die Piraten. Sie singen immer dasselbe schauerliche Lied:

„Ahoi, ahoi, los geht die Fahrt!
Piraten fahren schnelle.
Und wenn uns eine Kugel trifft,
dann fahren wir zur Hölle."

Hier kommt Bill Jukes[*1], am ganzen Körper tätowiert. Weiter hinten der irische Bootsmann Smee[*2], ein seltsam genialer Mann, der Leute erdolchte, ohne dass man es ihm, wie soll man sagen, verübelte. Und in ihrer Mitte der Mächtigste in dieser dunklen Szenerie: James Hook.

Auf der Spur der Piraten folgen die Indianer. Sie schleichen lautlos auf dem Kriegspfad, den ungeübte Augen gar nicht erkennen. Sie tragen Messer bei sich und ihre nackten Leiber schimmern vor Öl und Farbe. Es ist der Pickaninni-Stamm.

Am Schluss kommt Tiger-Lily, stolz und aufrecht. Sie ist die Schönste aller Schönheiten, der Schatz der Pickaninnis, frech und ständig neu verliebt.

*1 sprich: Dschuuks, *2 sprich: Smie

Dann erscheinen die wilden Tiere: Löwen, Tiger, Bären und die unzähligen kleineren Tiere, die sonst vor den großen fliehen. Aber hier, auf ihrer Lieblingsinsel, leben alle einträchtig zusammen.

Die ersten, die den Rundgang unterbrachen, waren die verlorenen Jungen. Sie warfen sich auf die Wiese in der Nähe ihres unterirdischen Hauses. „Wäre Peter doch hier“, sagten alle. Und während sie so redeten, hörten sie fern das finsterfröhliche Lied der Piraten. Sofort sprangen sie auf und verschwanden in ihrem Haus unter der Erde – außer Nibs, der war als Kundschafter losgezogen.

Aber wie waren die anderen in das Haus gekommen? Man sieht keinen Eingang, keine Öffnung zu einer Höhle. Nur wenn man genau hinguckt, sieht man vielleicht die sieben großen Bäume. Jeder hat im Stamm ein Loch, so groß wie ein Junge. Das sind die sieben Eingänge zum unterirdischen Haus. Als die Piraten näher kamen, sahen sie gerade noch, wie Nibs in den Wäldern verschwand. „Geht los und sucht die verlorenen Jungen“, sagte Hook düster. „Ich will sie alle sieben.“

Fortsetzung folgt

1. Im Niemalsland leben sechs Jungen.
Über vier der Jungen hast du einiges erfahren.
Tipp: Lies dazu auf Seite 39 nach.

a) Ergänze die Anfangsbuchstaben der Namen.

b) Wie werden die Jungen beschrieben?
Lies die Wörter unter den Jungen und verbinde.

ootles | ibs | lightly | urly

eingebildet | Pechvogel | Früchtchen

gut gelaunt | gutmütig

bescheiden | schnitzt Flöten

2. Über wen wird nicht viel gesagt?
Ergänze den Satz neben
diesen beiden Jungen.

Über die ____________________
Drillinge / Zwillinge

wird nicht viel gesagt.

3. Was ist damit gemeint: Curly ist ein „Früchtchen“? Berate dich mit anderen Kindern. Unterstreiche dann den passenden Satz.

Curly ist der Liebste von allen.
Curly ist schlauer als die anderen Jungen.
Curly macht immerzu Unsinn und lauter Dinge, die Ärger einbringen.

4. Hat jemand von euch die Redewendung „Du Früchtchen!“ schon einmal selbst gehört? Wie findet ihr sie? Diskutiert in der Klasse.

5. Lest gemeinsam in der Klasse das Piratenlied auf Seite 40. Dichtet eine neue Strophe dazu.

a) Schreibt Wörter auf, die euch zum Piratenleben einfallen. Sammelt eure Piratenwörter an der Tafel.

b) Versucht, möglichst viele Reimwörter zu euren Piratenwörtern zu finden.

c) Dichtet in kleinen Gruppen eine weitere Strophe. Ihr könnt auch die Piratenwörter und Reimwörter, die an der Tafel stehen, benutzen.

6. Auf der Insel leben verschiedene Tiere.
   Es gibt große Tiere, aber auch viele kleine Tiere.
   Welche Tiere könnten noch in dieser Reihe gehen?
   Male weitere Tiere.

7. Nibs geht als Kundschafter los.
   Welche Aufgabe hat ein Kundschafter?
   Schreibe deine Antwort auf die Linien.
   Berate dich mit einem anderen Kind.

8. Die verlorenen Jungen sind gut versteckt im Niemalsland. Zeichne die sieben Eingänge zu dem unterirdischen Haus.
   Tipp: Lies dazu auf Seite 41 nach und berate dich mit einem anderen Kind.

Kapitel 7

Die Piraten verschwanden zwischen den Bäumen, der Kapitän blieb mit Smee allein zurück.
„Vor allem“, sagte Hook, „will ich ihren Hauptmann, Peter Pan. Er hat mir den Arm abgesäbelt.“
„Ich hab dich öfter sagen hören, dass dieser Haken besser ist als zwanzig Hände“, sagte Smee.
Hook warf einen stolzen Blick auf die eiserne Hand.

Dann verfinsterte sich sein Gesicht.
„Peter hat meinen Arm einem Krokodil in den Rachen geworfen“, sagte er.

„Mir ist deine Angst vor Krokodilen schon öfter aufgefallen“, sagte Smee. „Nicht vor Krokodilen“, verbesserte Hook, „sondern vor diesem einen Krokodil. Dem hat mein Arm so gut geschmeckt, dass es mich unentwegt verfolgt.“ „Irgendwie“, sagte Smee, „ist das ein Kompliment.“

Hook setzte sich auf einen großen Pilz. „Smee“, sagte er mit zitternder Stimme, „dieses Krokodil hätte mich längst erwischt, aber durch einen glücklichen Zufall hat es einen Wecker verschluckt, der immer noch ‚Ticktack‘ macht. Das kann ich hören, bevor es mir zu nahe kommt.“ Er lachte, aber es klang hohl.

Seit Kapitän Hook saß, war ihm merkwürdig warm geworden. „Smee, dieser Sitz ist heiß.“ Er sprang in die Höhe. Seltsam war auch der Rauch, der plötzlich aufstieg. Die Piraten schauten sich an. „Ein Schornstein!“, riefen beide. Sie hatten tatsächlich den Schornstein des Hauses unter der Erde entdeckt. Und die Stimmen der Kinder drangen zu ihnen hinauf. Die Piraten lauschten mit finsterer Miene.

„Hast du gehört: Peter Pan ist nicht zu Hause!“, flüsterte Smee. Hook nickte. „Wie ist dein Plan, Käpt’n?“, rief der Bootsmann. Doch plötzlich hörten sie ein schwaches Geräusch: „Ticktack! Ticktack!“ Hook erstarrte, einen Fuß in der Luft. „Das Krokodil!“, japste er – und sauste, gefolgt von Smee, davon.

Plötzlich schrie Nibs. Noch einmal wagten sich die Jungen ins Freie. „Ich hab was sehr Schönes gesehen. Einen großen weißen Vogel. Er muss gleich hier sein.“ „Was ist das für ein Vogel?“ „Ich weiß nicht“, sagte Nibs ehrfurchtsvoll, „aber er sah müde aus und seufzte immer.“

„Da, er kommt!“, rief Curly und zeigte auf den Wendyvogel am Himmel. Slightly erkannte es als Erster. „Das ist kein Vogel“, sagte er mit vorsichtiger Stimme. „Ich glaube, das ist eine Dame.“ Genau in diesem Augenblick hörten sie etwas, das ihnen das Herz bis zum Hals schlagen ließ. Sie hörten das Krähen von Peter. So kündigte er immer seine Rückkehr an.

Am nächsten Tag mussten Wendy und John und Michael für die hohlen Bäume vermessen werden. Denn wenn ein Baum nicht richtig passt, dann ist es schwer, rauf- und runterzusteigen, und keiner von den Kindern hat dieselbe Figur.

Wenn der Baum einmal passt, dann braucht man oben bloß einmal Luft zu holen und schon geht es hinunter – genau in der richtigen Geschwindigkeit. Um aufzusteigen, atmet man abwechselnd ein und aus, und schon schlängelt man sich nach oben. Wendy und Michael passten gleich in ihren Baum, aber an John mussten noch einige Änderungen vorgenommen werden.

Alle liebten das Haus unter der Erde heiß und innig. Es bestand aus einem einzigen großen Zimmer mit einem Fußboden. In diesem Boden wuchsen dicke bunte Pilze, die sie als Schemel benutzten. Das Bett stand tagsüber gegen die Wand gekippt, und abends um halb sieben wurde es heruntergelassen und füllte das halbe Zimmer. Sie lagen darin wie die Sardinen in der Dose.

Fortsetzung folgt

1. **Wovor hat Kapitän Hook am meisten Angst?**
   Male es in die Denkblase.
   Lass darin Platz für ein weiteres Bild.

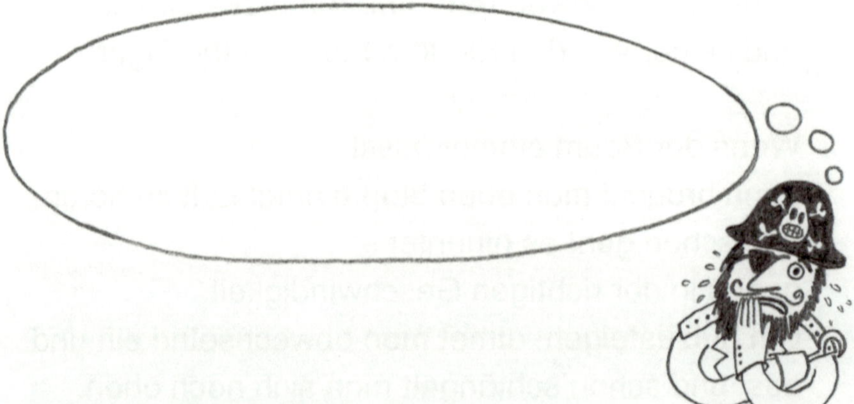

2. **Welcher Gegenstand warnt Kapitän Hook mit einem „Ticktack“?**
   Male den Gegenstand oben in dein Bild.

3. **Wodurch entdeckt Kapitän Hook das Versteck der verlorenen Jungen? Ergänze die Sätze.**
   Tipp: Lies dazu auf Seite 47 nach.

Hook setzte sich auf einen großen ______________.

Seit er saß, war ihm merkwürdig ______________

geworden. Seltsam war auch der ______________,

der aufstieg. Die Piraten riefen:

„Ein ______________________________!“

**4. Wenn jemand weit weg ist,
ist er nicht gut zu erkennen.
Was ist hier jeweils zu sehen?
Lies die Sätze und male passende Bilder dazu.**

1. In der Ferne ist etwas zu sehen, das wie ein Vogel aussieht.

2. Dann scheint ein Wesen am Himmel zu sein, das halb wie ein Vogel und halb wie ein Mädchen aussieht.

3. Erst von Nahem ist Wendy zu erkennen.

5. Welches von den Darling-Kindern passt nicht sofort in seinen Baum? Kreuze an.

❑ Wendy ❑ John ❑ Michael

Kapitel 8

Wie nun so die Zeit verging – hat Wendy da viel an ihre geliebten Eltern gedacht? Das ist eine schwierige Frage, weil man unmöglich sagen kann, wie das ist mit der Zeit im Niemalsland. Die wird nach den Sonnen und Monden berechnet, und davon gibt es hier viel mehr als auf dem Festland.

Aber Wendy war ganz sicher, dass ihr Vater und ihre Mutter die Fenster immer offen lassen würden, damit sie wieder hineinfliegen könnte.

Seit einem Kampf, in dem Peter Tiger-Lily vor einem schrecklichen Schicksal bewahrt hatte, war die Freundschaft zwischen den Jungen und den Indianern besiegelt. Sie saßen da und bewachten das unterirdische Haus und warteten auf den großen Angriff der Piraten.

Jetzt ist der Abend, der den Kindern als die „Nacht der Nächte“ galt – wegen seiner Abenteuer und deren Ausgang. Die Indianer waren oben auf dem Posten, während unten die Kinder zu Abend aßen. Das Essen war zufällig ein eingebildeter „Tee“, und sie saßen um den Tisch und schlürften gierig. Keiner von ihnen ahnte etwas. Und schließlich krochen sie alle ins Bett.

Der Angriff der Piraten kam völlig überraschend. So verloren viele der Besten des Pickaninni-Stammes ihr Leben. Großer Panther schlug sich schließlich seinen Weg durch die Piraten frei, mit Tiger-Lily und einem kleinen Rest des Stammes. Aber Hook war nicht gekommen, die Indianer zu vernichten. Er wollte Pan, Pan und Wendy und ihre Bande, aber vor allem Pan.

Und was war inzwischen mit den Jungen passiert? Als der Waffenlärm losging, standen sie wie versteinert da. Dann hörte der Tumult da oben fast so plötzlich auf, wie er angefangen hatte. Doch welche Partei hat gewonnen? „Wenn die Indianer gewonnen haben“, sagte Peter, „werden sie das Tomtom schlagen, das ist ihr Siegeszeichen.“

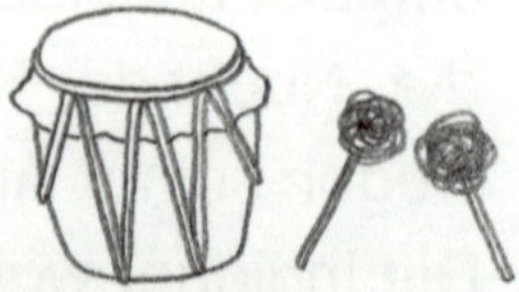

Die Piraten, die begierig oben an den Bäumen lauschten, hörten Peters Worte. Und Hook machte ein Zeichen, das Tomtom zu schlagen. Ein schauriger Befehl war das. „Das Tomtom“, hörten die Schurken Peter rufen, „die Indianer haben gesiegt!“ Die verlorenen Kinder antworteten mit Freudengeschrei.

Und im nächsten Augenblick fingen sie an, sich von Peter zu verabschieden, der unten blieb. Das verwirrte die Piraten, aber die Freude darüber, dass der Feind nun endlich nach oben käme, ließ sie alles andere vergessen. Sie grinsten sich an und rieben sich die Hände. Schnell und lautlos gab Hook seine Befehle: ein Mann an jeden Baum, die übrigen in eine Reihe.

Alle Jungen wurden erbarmungslos aus ihren Bäumen gepflückt und von Mann zu Mann geworfen. Wendy wurde anders behandelt – sie kam zuletzt. Belustigt höflich zog Hook vor ihr den Hut, bot ihr den Arm und geleitete sie zu der Stelle, wo die anderen geknebelt wurden. Vor lauter Staunen vergaß sie das Schreien.

Die Jungen wurden gefesselt, damit sie nicht wegfliegen konnten. Alles ging gut, bis Slightly an die Reihe kam. Es war wie mit den verflixten Paketen, bei denen man die ganze Schnur zum Umwickeln braucht, und dann kriegt man keinen Knoten mehr rein, weil sie zu kurz ist.

Hooks Lippen kräuselten sich siegessicher. Slightly sah, dass Hook sein Geheimnis kannte. Armer Slightly! Er war jetzt das unglücklichste von allen Kindern. Er war so dick, aber anstatt abzunehmen, hatte er heimlich seinen Baum weiter ausgehöhlt. Außerdem war er süchtig nach Wasser, er trank wie verrückt, wenn ihm heiß war.

Fortsetzung folgt

1. Habt ihr Lust auf „eingebildete Speisen“?

a) Denkt euch welche aus. Überlegt gemeinsam.

b) Bildet einen Kreis und spielt zusammen:

Einer beginnt und stellt seine Speise mit einer Pantomime vor. Die anderen müssen sie erraten.

Während des Ratens wird die „eingebildete Speise“ weitergereicht. Bis sie erraten ist, darf davon gegessen oder getrunken werden.

2. Wie locken die Piraten die verlorenen Jungen aus ihrem Versteck? Verbinde so, dass die Sätze stimmen.

Die Piraten schlagen	wenn die Indianer gewonnen haben.
Diese Trommel wird sonst nur geschlagen,	freuen sie sich und verlassen ihr Versteck.
Als die Kinder die Trommel hören,	das Tomtom der Indianer.

3. **Welcher Junge bleibt unten im Haus versteckt?**
Ergänze die fehlenden Buchstaben.

			e		P			

4. **Belustigt höflich zieht Hook den Hut vor Wendy.**
Wie ist jemand „belustigt höflich“?
Spiele es in der Klasse vor.

5. **Warum können die Piraten Slightly nicht fesseln?**
Schreibe die Antwort auf.
Tipp: Lies auf Seite 55 nach.

6. **Was hat Slightly gemacht,**
um in seinen Baum zu passen?
Male das richtige Bild farbig aus.

Kapitel 9

Hook war zufrieden. Er machte den Piraten ein Zeichen, dass sie die Gefangenen zum Schiff transportieren und ihn allein lassen sollten. Danach ließ er seinen Mantel zu Boden gleiten, biss sich in die Lippen und stieg in den Baum.

Peter lag auf dem Bett und schlief. So schutzlos fand ihn Hook.

Da entdeckte Hook Peters Medizin, die Wendy ihm hingestellt hatte. Sie gab den Jungen furchtbar gern Medizin, aber natürlich war es nur Wasser. Hook selbst trug immer ein schreckliches Mittel bei sich: das gemeinste Gift, das es gibt. Er hatte dafür alle todbringenden Zutaten zu einer gelben Flüssigkeit verkocht. Fünf Tropfen davon tat er nun in Peters Tasse. Dann schlich er, seltsam mit sich selber redend, durch den Wald davon.

Peter schlief weiter, bis er plötzlich von einem behutsamen Klopfen geweckt wurde. Er suchte mit der Hand nach seinem Dolch, und erst als er ihn gepackt hatte, rief er: „Wer ist da?“ Der Besucher sprach mit einer lieblichen Glöckchenstimme: „Lass mich rein, Peter.“

Es war Tink. Schnell schob Peter den Riegel zurück. Sie flog aufgeregt herein. „Was ist los?“, fragte Peter. „Das rätst du nicht!“, rief sie. Peters Herz schlug wie wild, als er das hörte: Wendy war gefesselt auf dem dreckigen Piratenschiff!

„Ich werde Wendy retten!“, rief Peter und lief zu seinen Waffen. Dabei fragte er sich, was er wohl gleich tun könnte, um Wendy eine Freude zu machen. Er könnte seine Medizin nehmen! Seine Hand ergriff das tödliche Gebräu. „Nein!“, schrie Tinker Bell, die gehört hatte, was Hook von seiner Tat murmelte, als er durch den Wald schlich.

Doch Peter hob die Tasse. Keine Zeit für Worte, Zeit für Taten: Mit einer ihrer blitzschnellen Bewegungen gelangte Tinker Bell zwischen seine Lippen und die Medizin und trank die Tasse leer. Schon torkelte sie durch die Luft.

„Was ist los mit dir?“, rief Peter. „Die Medizin war vergiftet, Peter“, sagte Tink matt, „und nun werde ich sterben.“ Ihr Licht wurde immer schwächer. Doch Peter wusste: Wenn Kinder an Feen glauben, können sie wieder gesund werden.

Es waren aber keine Kinder da. Und es war mitten in der Nacht. Da wandte sich Peter an alle, die vielleicht vom Niemalsland träumten. „Glaubt ihr an Feen?“, rief er.

Tink richtete sich schnell im Bett auf, um ihrem Schicksal zu lauschen. Sie meinte Zustimmung zu hören … Und – schon war sie gerettet!

Der Mond zog über den Wolkenhimmel, als Peter aus seinem Baum kletterte. Er trug seine Waffen und sonst nicht viel, und so machte er sich auf den Weg in sein gefährliches Abenteuer. „Jetzt wird Wendy gerettet!“, rief er.

Doch nur das Krokodil begegnete ihm. Sonst nichts und niemand. Peter tat einen schrecklichen Schwur: „Diesmal Hook oder ich.“

Fortsetzung folgt

**1. Wohin bringen die Piraten die Kinder?
Male in den Wegweiser.**

**2. Kapitän Hook klettert durch Sligthlys Baum
in das Haus unter der Erde.
Was passiert dort? Ergänze die Sätze.
Tipp: Lies dazu die Seiten 58 und 59.**

Kapitän Hook findet Peter schlafend

auf dem ______________.

Er entdeckt Peters __________________.

Hook selbst trug immer

das wahrscheinlich gemeinste ______________ bei sich.

Davon tat er ______________ Tropfen

in Peters __________________.

**3. Welche Farbe hat das Gift in der Flasche?
Male es in der richtigen Farbe aus.**

4. Hook murmelt im Wald etwas über seinen Plan. Was wohl? Vermute und schreibe in die Sprechblase.

5. Tinker Bell rettet Peter vor dem Gift. Was genau tut sie? Kreuze den richtigen Satz an. Tipp: Lies auf Seite 60 nach.

- ❑ Sie schüttet die Tasse schnell aus.
- ❑ Sie schubst Peter, sodass die Tasse runterfällt.
- ❑ Sie fliegt zwischen Peters Lippen und die Medizin und trinkt die Tasse selbst leer.

6. Peter tut einen schrecklichen Schwur. Was sagt er? Berate dich mit einem anderen Kind. Schreibe dann in die Sprechblase.

Kapitel 10

Ein grünes Licht flackerte trübe über Kidd's Creek[*1], der Bucht nahe der Mündung vom Piratenfluss. Es zeigte an, wo die „Jolly Roger“[*2] flach im Wasser lag. Ein wüster Kahn, jeder Balken war angefault.

*1 sprich: Kitts Kriek, *2 sprich: Dscholli Rodscher

Hook schritt gedankenverloren auf und ab. „Sind alle Kinder gefesselt, sodass sie nicht wegfliegen können?“ „Ay, ay“, sagten die Piraten. „Dann holt sie rauf.“ Die unglücklichen Gefangenen – alle außer Wendy – wurden aus dem Laderaum an Deck gezerrt und in einer Reihe vor ihm aufgestellt.

„Na, Halunken!“, brüllte Hook. „Euer Schicksal ist besiegelt. Macht die Planke fertig.“ Die verlorenen Jungen wurden ganz weiß, als sie sahen, wie die tödliche Planke hergerichtet wurde. Aber sie gaben sich Mühe, tapfer auszusehen, als Wendy heraufgebracht wurde.

„So, meine Schöne“, sagte Hook mit honigsüßer Stimme, „nun sollst du sehen, wie die Jungen von der Planke springen.“ Wendy blickte Hook dabei so furchtbar verächtlich an, dass er fast in Ohnmacht fiel. Er rief: „An den Mast mit ihr!“ Die Augen der Jungen waren auf die Planke gerichtet – der letzte kleine Sprung, den sie gleich tun sollten. Sie konnten nur noch zittern und starren.

Hook grinste. Er wollte Wendys Kopf so drehen, dass sie mit ansehen müsste, wie die Jungen einer nach dem anderen von der Planke sprangen. Aber er kam nie bei Wendy an; den Schmerzensschrei, den er zu hören hoffte, hörte er nie. Stattdessen hörte er etwas anderes.

Hook war plötzlich nur noch ein Häufchen Elend. Ein „Ticktack“ kam immer näher und ein grässlicher Gedanke eilte ihm voraus: Das Krokodil kommt an Bord. Die Piraten machten respektvoll den Weg frei für Kapitän Hook. Und erst als er an der Reling anhielt, sprach er wieder. „Versteckt mich!“, rief er heiser.

Die Piraten drängten sich im Kreis um ihn, mit dem Rücken zu dem „Ding“, das nun an Bord kommen würde. Sie dachten nicht daran zu kämpfen.

Als Hook nicht mehr zu sehen war, kamen die Jungen in Bewegung.

Neugierig liefen sie auf die Seite,
wo das Krokodil hochklettern musste.
Da erlebten sie die größte Überraschung
dieser „Nacht der Nächte“, denn
kein Krokodil kam ihnen zu Hilfe, sondern Peter.

Er machte ihnen ein Zeichen,
dass sie nicht
durch irgendeinen Schrei
der Bewunderung Verdacht
erregen sollten.
Dann tickte er weiter.

Peter glaubte, er wäre mucksmäuschenstill
an Bord geklettert.
Erst als er das Ticken bemerkte,
begriff er, dass er selber tickte,
und blitzartig erfasste er die Lage.
Wie schlau von mir, dachte er.

Genau in diesem Augenblick erschien
der Steuermann auf dem Vorschiff und kam näher.
Peter stieß mächtig zu.
Ein Platscher. Dann Stille.
„Nummer eins!“ – Slightly hatte zu zählen begonnen.

Fortsetzung folgt

**1. Das Piratenschiff liegt in einer Bucht.
Lies auf Seite 64 nach und trage die Namen des Schiffes und der Bucht in die Karte ein.**

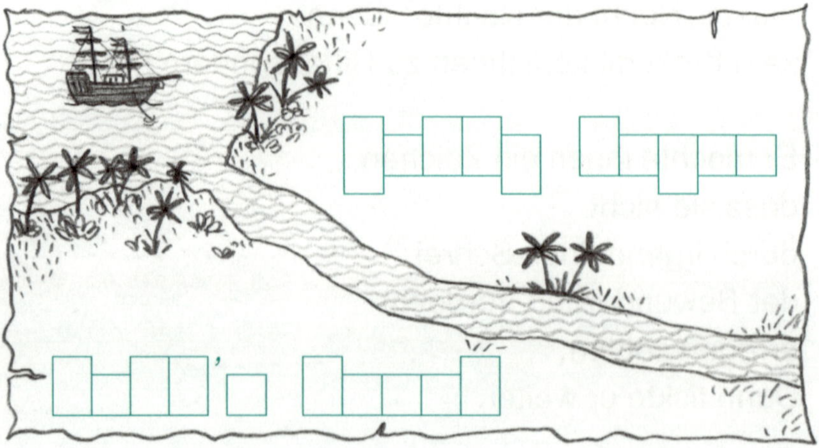

**2. Ein Schiff ist aus starken Brettern gebaut, den sogenannten Planken.
Was machen die Piraten mit einer bestimmten Planke?**

a) Sieh dir das Bild an.

b) Ergänze nun den Satz.

Die Piraten legen eine ____________________

so über die Reling des Schiffes, dass sie wie

ein ______________________________ im Schwimmbad

benutzt werden kann.

**3. Lies, was Hook zu Wendy sagt.
Mache dann zusammen mit einem anderen Kind ein Stimmen-Spiel:**

**Sprich den Text in der Sprechblase mehrere Male und verstelle dabei jedes Mal deine Stimme.
Sprich mal wütend, mal bedrohlich, mal honigsüß …**

> So, meine Schöne. Nun sollst du sehen, wie die Jungen von der Planke springen.

**4. Was hört Hook? Und wer macht das Geräusch?
Schreibe auf.**

Hook hört ______________________________

Das Geräusch macht ______________________

**5. Der Kampf mit den Piraten hat begonnen.
Wer geht als Erstes mit einem großen Platsch über Bord? Unterstreiche.**

der Steuermann　　Smee　　Slightly

Kapitel 11

Peter entging nichts. Er war auf dem Sprung. Gerade noch rechtzeitig verschwand er in der Kajüte, denn mehr als ein Pirat rappelte sich auf und fand den Mut, sich umzuschauen.

„Es ist weg, Käpt'n", sagte Smee. „Alles wieder ruhig."

Langsam steckte Hook seinen Kopf aus dem Kragen und lauschte angestrengt. Selbst das Echo eines Tickens hätte er noch gehört. Kein Laut war zu vernehmen, und entschlossen richtete er sich zu seiner vollen Größe auf. „Über die Planke!“, rief er mit eiserner Stimme. Um die Gefangenen noch mehr zu verschrecken, rief Hook: „Hol die Peitsche aus der Kajüte, Jukes!“

Peter war in der Kajüte! Die Kinder starrten sich an.

„Ay, ay“, sagte Jukes fröhlich und stolzierte los. Plötzlich ertönte ein schrecklich schriller Schrei. Dann war ein Krähen zu hören. Die Jungen wussten gleich Bescheid, aber für die Piraten war das noch gespenstischer als der Schrei. „Was war das?“, rief Hook. „Nummer zwei“, sagte Slightly feierlich.

Alle Piraten sind abergläubisch, und einer rief: „Es heißt, wenn einer mehr an Bord ist als ausgemacht, dann ist das Schiff verflucht. Dann ist der Teufel an Bord.“

Da konnten die Kinder nicht länger an sich halten und brachen in Jubel aus.

„Jungs!“, rief Hook der Mannschaft zu, „ich habe eine Idee. Macht die Kajütentür auf und schickt die Jungen hinein. Sie sollen um ihr Leben kämpfen mit diesem Kikeriki.“ Zum letzten Mal bewunderten die Piraten ihren Kapitän. Ergeben führten sie seinen Befehl aus.

Die Jungen, die so taten, als wehrten sie sich, wurden in die Kajüte gestoßen. Dann fiel die Tür hinter ihnen zu.

„Psst, seid still!“, rief Hook, und alle lauschten. Aber keiner traute sich, nach der Tür zu sehen. Nur eine: Wendy, die die ganze Zeit an den Mast gefesselt stand. Sie wartete darauf, dass sich Peter wieder zeigte. Und sie musste nicht lange warten.

In der Kajüte hatte Peter gefunden, was er gesucht hatte: den Schlüssel, der die Jungen von ihren Handschellen befreite. Jetzt schlichen sie hinaus, mit Waffen, die sie gerade fanden. Und Peter gab ihnen ein Zeichen: Sie sollten sich verstecken. Dann schnitt er Wendys Fesseln durch und danach hätten sie mühelos verschwinden können.

Aber etwas hielt sie zurück, Peters Schwur: „Diesmal Hook oder ich.“

Als Peter Wendy befreit hatte, flüsterte er ihr zu, sie solle sich mit den anderen verstecken, und er selber stellte sich an den Mast und zog ihren Mantel über. Die Piraten sollten ihn für Wendy halten. Dann holte er tief Luft und krähte.

Für die Piraten hieß das: Alle Jungen liegen tot in der Kajüte, und das versetzte sie in Panik. „Noch nie hat uns eine Frau Glück gebracht!“, rief Hook. „Schmeißt das Mädchen über Bord!“ Die Piraten stürzten sich auf die Gestalt im Mantel. „Jetzt, mein Fräulein, kann dich keiner mehr retten“, zischte Hook höhnisch.

„Doch“, erwiderte die Gestalt. „Wer ist das?“, rief Hook. „Peter Pan, der Rächer!“, rief der Junge. In diesem Augenblick brach Hooks wildes Herz. Schließlich rief er: „Haut ihn in Stücke!“ „Los Jungs, immer drauf!“, tönte Peter, und schon hörte man das Klirren der Waffen.

Fortsetzung folgt

1. Ein Schiff besteht aus verschiedenen Teilen.

a) Sieh dir das Schiff an und lies die Beschriftung.

**b) Wendy ist am Mast angebunden.
Peter Pan versteckt sich in der Kajüte.
Wo ist der Mast vom Schiff? Wo sind die Kajüten?
Besprich dich mit einem anderen Kind.**

c) Ergänze „Mast“ und „Kajüten“.

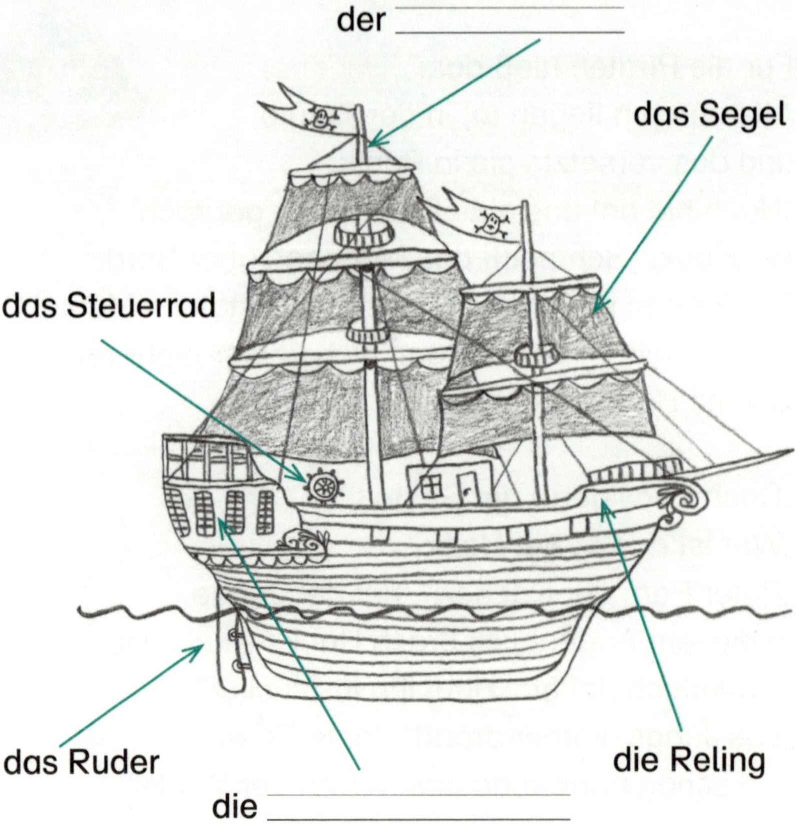

2. „Alle Piraten sind abergläubisch“, heißt es im Text. Welches Beispiel für Aberglauben wird gegeben? Male den Kasten mit dem richtigen Beispiel gelb aus.

Wenn ein Mann weniger an Bord ist als ausgemacht, dann glauben die Matrosen, dass sie besonders viel Glück haben.

Wenn ein Mann mehr an Bord ist als ausgemacht, dann glauben die Matrosen, dass das Schiff verflucht ist. Dann soll der Teufel an Bord sein.

3. Was macht Peter, nachdem er Wendy befreit hat? Ergänze den Satz. Tipp: Lies auf Seite 73 nach.

Als Peter Wendy befreit hatte,

______________________ er ihr zu,

sie solle sich mit den anderen ______________________.

Er selber stellte sich ______________________________

und zog ______________________________________.

Kapitel 12

Außer Waffenlärm war nicht viel zu hören. Nur Slightly zählte eintönig weiter: „Nummer drei – vier – fünf – sechs …“

Alle Piraten waren schon erledigt, als ein Haufen wilder Jungen Hook umstellte. Einer stürzte sich in das Getümmel und rief: „Die Degen weg, Jungs, dieser Mann gehört mir!“ So standen sich Hook und Peter plötzlich von Angesicht zu Angesicht gegenüber.

„Also, Pan“, sagte Hook endlich, „das ist alles dein Werk.“

„Ay, James Hook, das ist alles mein Werk.“

„Stolzer, unverschämter Jüngling“, sagte Hook, „rüste dich für deinen Untergang.“

„Unheilvoller, finsterer Mann“, antwortete Peter, „das ist dein Verhängnis.“

Ohne weitere Worte begannen sie den Kampf, und für eine Weile war keine Klinge im Vorteil. Peter war ein hervorragender Degenfechter und parierte mit verblüffender Geschwindigkeit. Aber weil er die kürzere Reichweite hatte, konnte er die Klinge nicht ins Ziel bringen. Hook, kaum weniger brillant, aber nicht ganz so flink, drängte ihn zurück. Er hoffte, ein schnelles Ende herbeizuführen mit einem besonderen Stoß.

Aber zu seinem Erstaunen ging dieser Stoß immer wieder daneben. Dann versuchte er, den Kampf mit dem eisernen Haken zu beenden. Aber Peter wich aus, machte einen kühnen Vorstoß und durchbohrte ihm die Rippen. Beim Anblick seines eigenen Blutes fiel Hook der Degen aus der Hand. Nun war er Peter ausgeliefert.

„Jetzt!“, riefen die Jungen. Aber Peter forderte den Gegner auf, seinen Degen wieder aufzuheben. Das tat Hook sofort – aber mit dem unbehaglichen Gefühl, dass Peter „guten Stil“ bewiesen hatte. Bisher hatte Hook geglaubt, er kämpfe mit irgendeinem Feind. Aber nun kamen ihm Zweifel.

„Weiter!“, rief Hook verzweifelt. Jeder Hieb dieses schrecklichen Degens hätte jeden, der ihm in die Quere kam, entzweigehauen. Aber Peter flatterte um ihm herum, als bliese ihn der Wind, den der Degen machte, aus der Gefahrenzone. Und immer wieder schoss er vor und stach zu.

Hook kämpfte jetzt hoffnungslos. Diese feurige Brust kannte nur noch eine Sehnsucht, bevor sie erlosch: einmal zu sehen, wie Peter schlechten Stil bewies. Er verließ den Kampfplatz, rannte ins Pulvermagazin und steckte eine Bombe in Brand. „In zwei Minuten“, rief er, „fliegt das Schiff in die Luft!“

Aber Peter kam aus dem Pulvermagazin, mit der Bombe in der Hand, und warf sie seelenruhig über Bord.

Dann kam Hooks letzter Augenblick. Als Hook sah, wie Peter mit gezücktem Dolch auf ihn zuflog, sprang er auf die Reling. Er wollte sich ins Meer stürzen. Als er sah, wie Peter durch die Luft schwebte, forderte er ihn mit einer Geste auf, seinen Fuß zu benutzen. Da gab Peter ihm einen Tritt und stach nicht zu. „Schlechter Stil!“, rief Hook hämisch und stürzte zufrieden in das geöffnete Maul des Krokodils. So ging Hook dahin.

Am nächsten Morgen waren alle ganz früh auf den Beinen. Großes Gerenne auf hoher See. Peter stand am Steuer. Er berechnete mit Hilfe der Seekarte, dass sie, wenn das Wetter hielt, etwa am 21. Juni die Azoren erreichen würden. Danach würden sie fliegen – um Zeit zu sparen. Das Abenteuer war zu Ende. Sie machten sich auf den Heimweg.

Wendy, John und Michael malten sich die Überraschung aus: Mutters Verzückung, Vaters Freudenschrei, Nanas Luftsprung zur Begrüßung.

Fortsetzung folgt

1. **Peter und Kapitän Hook stehen sich von Angesicht zu Angesicht gegenüber. Male das passende Bild farbig aus.**

2. **Der Kampf beginnt. Was sagen die Kämpfer zueinander? Ergänze. Tipp: Lies dazu noch einmal Seite 77.**

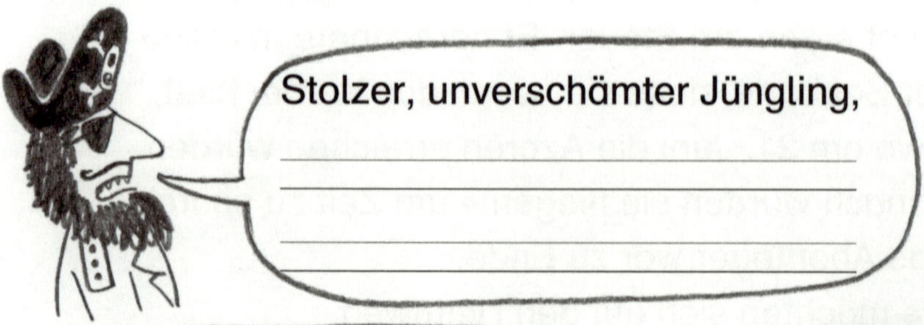

3. Welche anderen Wörter für „Untergang“ und „Verhängnis“ gibt es? Berate dich mit anderen.

a) Kreise passende andere Wörter für „Untergang“ schwarz ein.

Glück Ende Paradies Tod

b) Kreise passende andere Wörter für „Verhängnis“ rot ein.

Freude Unglück Wunschtraum Schicksal

4. Der Ausflug ins Niemalsland geht zu Ende. Sind die Sätze richtig oder falsch? Kreuze an.

	richtig	falsch
Kapitän Hook gewinnt den Kampf.	☐	☐
Die Kinder machen sich auf den Heimweg.	☐	☐
Wendy steuert das Schiff.	☐	☐
Dann fliegen sie nach Hause.	☐	☐

Kapitel 13

An jenem ereignisreichen Donnerstag saß Mrs Darling traurig im Kinderzimmer und wartete darauf, dass ihr Mann nach Hause käme.

Nana konnte nichts weiter tun, als ihrer Herrin zärtlich die Pfote in den Schoß zu legen. Und so saßen sie beisammen, als Mr Darling eintraf. Er gab seiner Frau einen Kuss und sein Gesicht sah müder aus als früher. Aber es hatte einen milderen Ausdruck.

„Willst du mich nicht in den Schlaf spielen“, fragte er, „auf dem Klavier nebenan?“ Mrs Darling ging hinüber und spielte. Bald war er eingeschlafen, und wie er so schlief, flogen Wendy und John und Michael durch das offene Fenster ins Zimmer. „Da hinten ist Mama!“, rief Wendy. „Tatsächlich!“, sagte John. „Dann bist du nicht unsere richtige Mutter, Wendy?“, fragte Michael schläfrig.

„Oje!“, rief Wendy und hatte Gewissensbisse. „Es ist höchste Zeit, dass wir wieder hier sind.“ „Wir schleichen uns nach nebenan“, schlug John vor, „und halten ihr die Hände vor die Augen.“ Doch Wendy, die einsah, dass man ihrer Mutter die freudige Nachricht schonender beibringen müsste, hatte einen besseren Plan: „Wir kriechen in unsere Betten, und wenn sie hereinkommt, liegen wir einfach da, als wären wir nie weg gewesen.“

Und so waren alle Betten besetzt, als Mrs Darling wieder ins Zimmer kam, um nachzusehen, ob ihr Mann schon schlief. Die Kinder warteten auf ihren Freudenschrei, aber der wollte nicht kommen.

Mrs Darling sah die Kinder. Aber sie dachte, dass sie träume. „Mama!“, rief Wendy. „Das ist Wendy“, sagte Mrs Darling, aber sie war noch immer überzeugt, dass es ein Traum war. „Mama!“, rief John. „Das ist John“, sagte Mrs Darling. „Mama!“, rief Michael. Jetzt hatte er sie erkannt. „Das ist Michael“, sagte sie.

Und sie streckte die Arme nach den Kindern aus, die sie nie mehr richtig umarmen würde. Doch, sie würde. Sie umarmte Wendy und John und Michael, die aus dem Bett gesprungen waren. „George, George!“, rief Mrs Darling. Und Mr Darling wachte auf und teilte ihr Glück, und Nana kam hereingerannt.

Es gab auf der Welt keinen schöneren Anblick. Aber keiner sah dieses Bild – außer einem fremden Jungen, der zum Fenster hereinguckte. Dieser Junge erlebte die fantastischsten Sachen, von denen Kinder nur träumen können. Aber durch das Fenster sah er auf das eine Glück, von dem er für immer ausgeschlossen war.

Fortsetzung folgt

1. **Mr und Mrs Darling warten jeden Tag darauf, dass ihre Kinder endlich zurückkommen. Was steht offen, damit die Kinder jederzeit hereinkommen können? Male aus. Schreibe auf die Linie.**

Das ______________________________

2. **Was machen die Kinder bei ihrer Rückkehr? Kreuze den richtigen Satz an.**

- ❑ Die Kinder rufen laut nach ihren Eltern.
- ❑ Die Kinder rütteln erst einmal den Vater wach.
- ❑ Die Kinder kriechen schnell in ihre Betten.

3. Wie würdest du deine Eltern begrüßen, wenn du gerade aus dem Niemalsland zurückgekehrt wärst?
Schreibe es auf.
Oder erzähle es einem anderen Kind.

4. Was sieht Peter durchs Fenster? Male es.
Tipp: Lies noch einmal Seite 84.

5. Was denkt Peter, als er durchs Fenster blickt? Schreibe in die Denkblase.

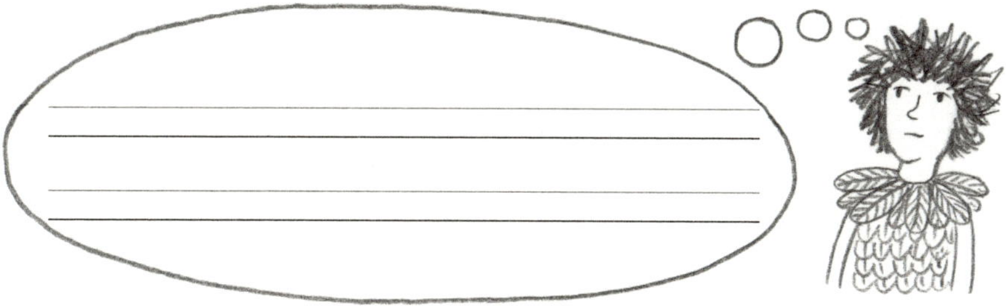

6. Hier siehst du noch einmal Niemalsland. Zeichne die Insel auf ein extra Blatt ab. Schreibe alle Adjektive (Wiewörter) in dein Bild, die für dich zu der Insel passen. Streiche die anderen Adjektive durch.

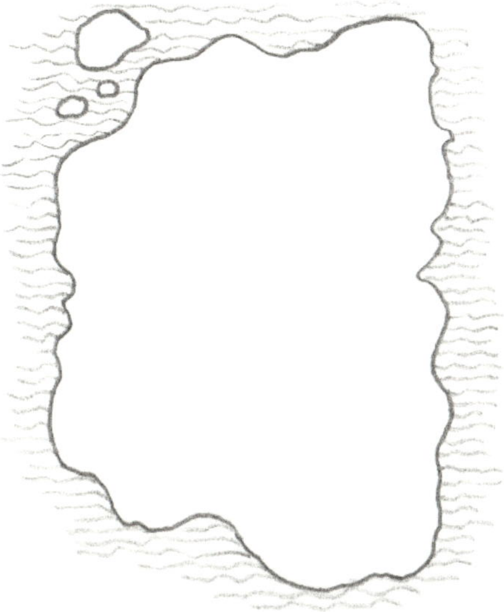

spannend / abenteuerlich / langweilig / lustig / gefährlich / geheimnisvoll / erwachsen / ruhig / grausam / hungrig / wunderbar / traurig / grün / blutig / fantastisch / aufregend / grau / einsam

Kapitel 14

Doch was ist aus den anderen Jungen geworden? Sie warteten unten vor dem Haus, damit Wendy Zeit hätte, alles zu erklären. Und als sie bis fünfhundert gezählt hatten, liefen sie hinauf. Sie nahmen die Treppe, weil sie meinten, das mache einen besseren Eindruck.

Sie standen in einer Reihe vor Mrs Darling und Mr Darling und wünschten, sie hätten keine Piratenkleider an. Sie sagten nichts, aber ihre Augen bettelten: „Bitte, nehmt uns."

Und Mr Darling sagte, er würde Platz für alle im Wohnsalon finden – wenn sie hineinpassten. „Wir passen schon, Sir", versicherten sie ihm. „Dann immer mir nach!", rief Mr Darling fröhlich. „Wohlgemerkt, ich bin nicht sicher, ob wir überhaupt einen Wohnsalon haben, aber wir tun immer so. Und dann haben wir auch einen. Hopsa!" Er tanzte durch das Haus und alle riefen „Hopsa!" und tanzten hinter ihm her und suchten den Wohnsalon.

Was Peter betrifft, so sah Wendy ihn noch einmal, bevor er fortflog. Er kam nicht extra zum Fenster, sondern flog nur zufällig daran vorbei, damit sie ihn rufen konnte, wenn sie wollte. Und das tat sie.

„Hallo Wendy, leb wohl“, sagte Peter.
„Oje, willst du fort?“, rief Wendy.
„Ja.“

Mrs Darling kam zum Fenster, denn jetzt passte sie ganz besonders auf Wendy auf.
Sie erzählte Peter, dass sie die Jungen adoptiert hätten und dass sie ihn auch gern aufnehmen würde.

„Schicken Sie mich dann in die Schule?“, fragte er.
„Ja.“
„Und später ins Büro?“
„Vermutlich.“
„Und bald wäre ich ein Mann?“
„Sehr bald.“
„Ich will nicht in die Schule und ernste Sachen lernen“, sagte Peter zornig.
„Ich will kein Mann sein.“

Mrs Darling streckte die Arme nach ihm aus, aber er stieß sie zurück.
„Hände weg, meine Dame“, sagte Peter.
„Aber wo willst du leben?“
„Mit Tink hoch in den Bäumen.“
„Ach, herrlich!“, rief Wendy so sehnsuchtsvoll, dass Mrs Darling sie schnell festhielt.

„Ich dachte, alle Feen sind tot“, sagte Mrs Darling. „Es gibt immer eine Menge junge“, erklärte Wendy, „weil, verstehst du, wenn ein Baby zum ersten Mal lacht, wird eine Fee geboren. Und weil es immer neue Babys gibt, gibt es immer neue Feen.“

„Ich werde so viel Spaß haben“, sagte Peter und schielte zu Wendy hinüber. „Es wird ziemlich einsam sein“, sagte sie. „Na schön, dann komm mit.“ „Darf ich, Mami?“ „O nein. Jetzt hab ich dich endlich wieder. Nun will ich dich auch behalten.“

Wendys letzte Worte waren ziemlich traurig. „Du vergisst mich doch nicht, Peter, bis ich wieder zu dir darf?“ Natürlich versprach er das. Und dann flog er fort.

Ende

1. **Suche dir einen der verlorenen Jungen aus.**

a) **Schreibe seinen Namen auf die Linie und male ihn in Piratenkleidung zu der Denkblase.**

b) **Wie fühlt sich der Junge bei den Darlings? Male oder schreibe in die Denkblase.**

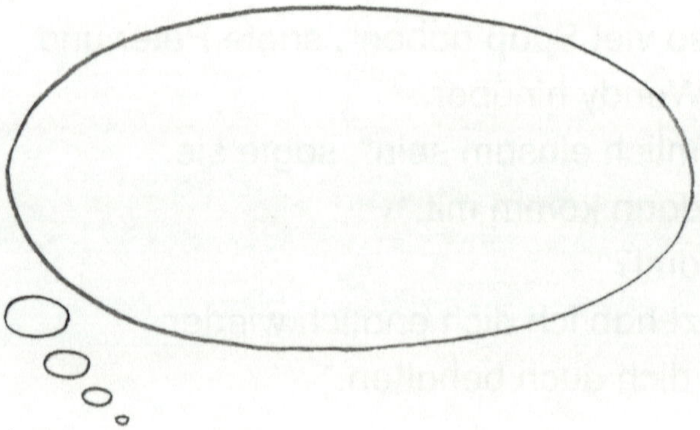

2. Mrs Darling möchte Peter bei sich aufnehmen. Doch Peter stören viele Dinge.

a) Was will Peter? Und was will er nicht? Kreuze an.

	ja	nein
Peter will in die Schule gehen.	☐	☐
Er will immer ein Kind bleiben.	☐	☐
Peter will später ins Büro gehen.	☐	☐
Er will unbedingt einen Bart haben.	☐	☐
Peter will bei den Feen wohnen.	☐	☐
Er will eine Menge Spaß haben.	☐	☐
Peter will ein Mann werden.	☐	☐
Er will in den Bäumen leben.	☐	☐
______________________	☐	☐
______________________	☐	☐

b) Was würdest du wollen? Und was nicht? Überlege und unterstreiche dann die Sätze. Unterstreiche grün, was du willst. Unterstreiche rot, was du nicht willst. Du kannst auch eigene Ideen aufschreiben.

3. **Wann wird eine Fee geboren? Ergänze den Satz.**
   Tipp: Lies dazu auf Seite 91 nach.

Eine Fee wird geboren, wenn ______________________

____

____.

4. **Stell dir vor, dass sich Peter und Wendy nach einem Jahr wiedertreffen. Sie erzählen sich dann ihre Abenteuer, die sie auf Niemalsland erlebt haben.**

   Was wird Wendy erzählen? Was Peter? Spiele das Gespräch mit einem anderen Kind zusammen.

5. Hier erfährst du etwas über den Autor, der „Peter Pan“ geschrieben hat.

Sir[*1] **James Matthew Barrie**[*2] hat „Peter Pan“ geschrieben. Hier auf dem Bild siehst du ihn. Er wurde im Jahr **1860 in Schottland geboren** und **starb 1937 in London**. James M. Barrie lebt also schon länger als 70 Jahre nicht mehr. Dennoch wird seine berühmteste Geschichte „Peter Pan“ immer noch in der ganzen Welt gelesen, gehört oder als Film gesehen.

*1 sprich: Ssör, „Sir“ ist ein englischer Ehrentitel.
*2 sprich: Dschäims Mässju Bärrie

6. Die Geschichte von Peter Pan wurde schon mehrere Male verfilmt. Ein Film heißt zum Beispiel „Hook“. Hast du diesen Film oder einen anderen Peter-Pan-Film gesehen? Erzähle den anderen davon.

James M. Barrie: „Peter Pan“.
Deutsch von Bernd Wilms

Foto S. 95: Cornelsen Verlagsarchiv

Redaktion: lüra – Klemt & Mues GbR
Projektleitung: Susanne Dahlbüdding
Technische Umsetzung: Manuela Mantey-Frempong

www.cornelsen.de

1. Auflage, 2. Druck 2014

Alle Drucke dieser Auflage sind inhaltlich unverändert
und können im Unterricht nebeneinander verwendet werden.

Druck: freiburger graphische betriebe

ISBN 978-3-464-82839-7

Inhalt gedruckt auf säurefreiem Papier aus nachhaltiger Forstwirtschaft.

Lösungen

Peter Pan

Versuche immer erst, die Aufgabe selbst zu lösen.
Vergleiche dann dein Ergebnis mit den Lösungen und
Lösungsvorschlägen in diesem Heft.

Lösungen und Lösungsvorschläge zu den Aufgaben von Kapitel 1: **1**

1. a) Vergleiche deine Bilder mit den Bildern eines anderen Kindes.

b) Sicher hast du diese Namen zu den Bildern geschrieben:

Mrs Darling, Mr Darling, Wendy, John, Michael, Nana

2. a) Sicher hast du viele Adjektive (Wiewörter) gefunden.
Es passen zum Beispiel: wachsam, anhänglich, unterwürfig, lebhaft, aufmerksam, dressiert, erzogen, unerzogen, gefräßig und viele andere mehr.

b) Hier hat jeder eine andere Vorstellung.
Vergleiche deine Lösung mit der Lösung eines anderen Kindes.

c) Hier können wir dir keinen Lösungsvorschlag machen.

3.

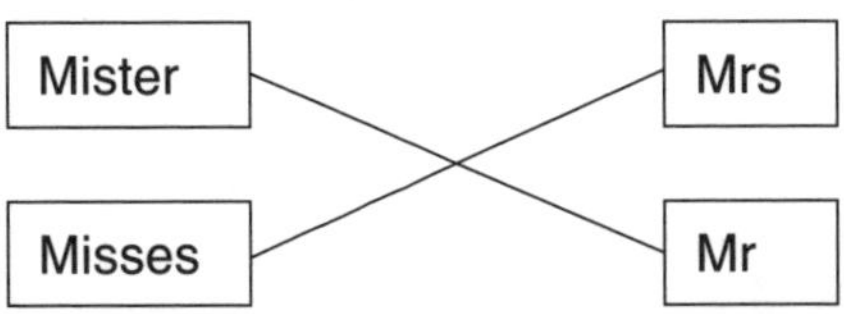

4. Hier können wir euch keinen Lösungsvorschlag machen.

5. Hier können wir dir keinen Lösungsvorschlag machen.

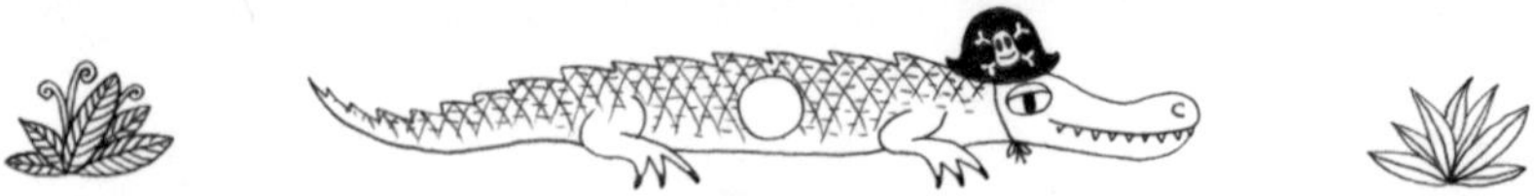

Lösungen und Lösungsvorschläge zu den Aufgaben von Kapitel 2: 2

1.

Name:
Peter Pan

Eigenschaft: **unverschämt**
Wohnort: **bei den Feen**
Größe: **genauso groß wie Wendy**
Kleidung: **Laub und Spinnweben**
besonderes Merkmal: **die ersten Zähne**

2.

3. a) und b) Hier können wir dir keinen Lösungsvorschlag machen.

4.

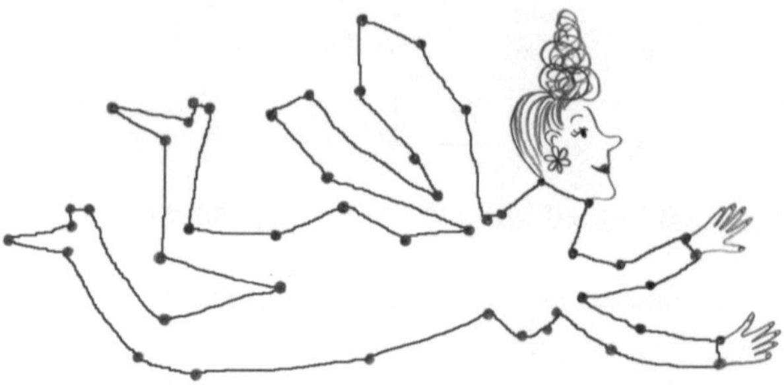

5. Hier können wir dir keinen Lösungsvorschlag machen.

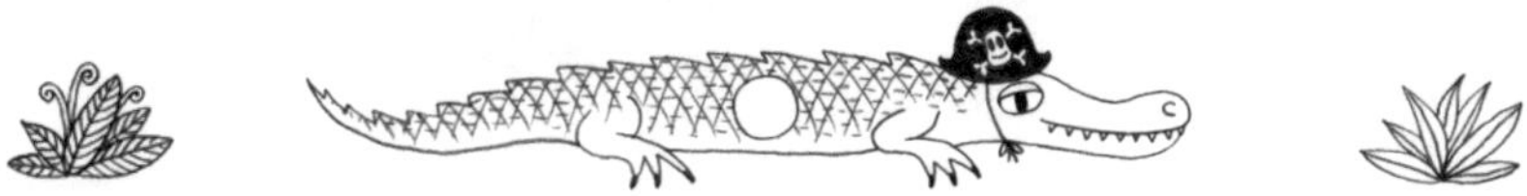

Lösungen und Lösungsvorschläge zu den Aufgaben von Kapitel 3: **3**

1. Michael will nicht ins Bett. ☒ richtig
   Mrs Darling freut sich schon sehr darauf auszugehen. ☒ falsch
   Das Fenster ist weit geöffnet. ☒ falsch
   Mrs Darling erzählt jedem Kind
   eine Gute-Nacht-Geschichte. ☒ falsch
   Michael ruft: „Mama, ich mag dich so!“ ☒ richtig

2. **die Fee Tinker Bell**

3. | F | e | e | n | s | t | a | u | b |

4. a)

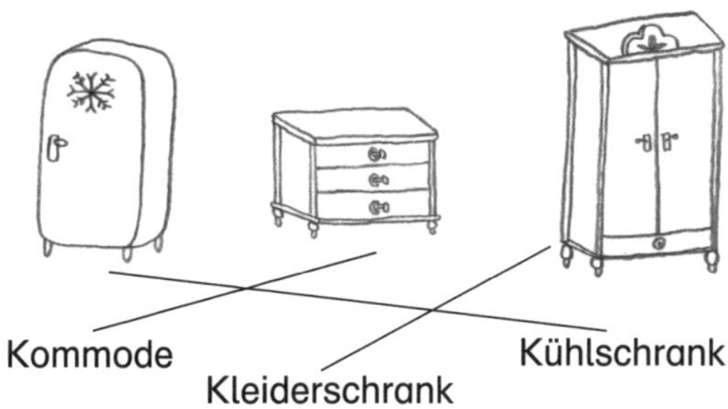

   b) Sicher hast du die Kommode farbig ausgemalt.

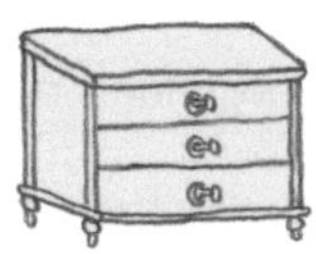

5. Die richtige Antwort ist: ☒ Wendy näht den Schatten an Peters Fuß.

6.

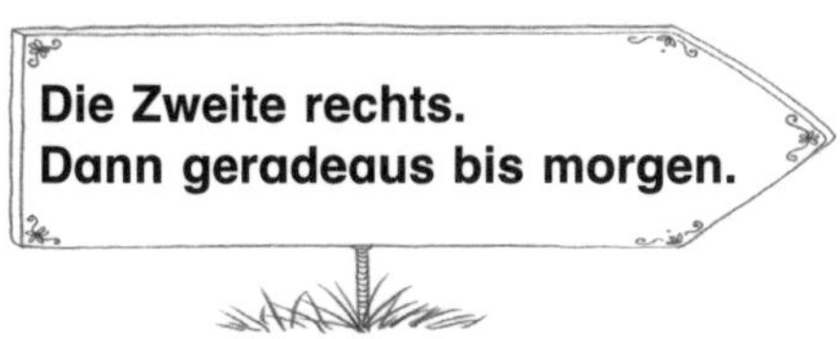

7. Sicher hast du dieses Bild eingekreist: 

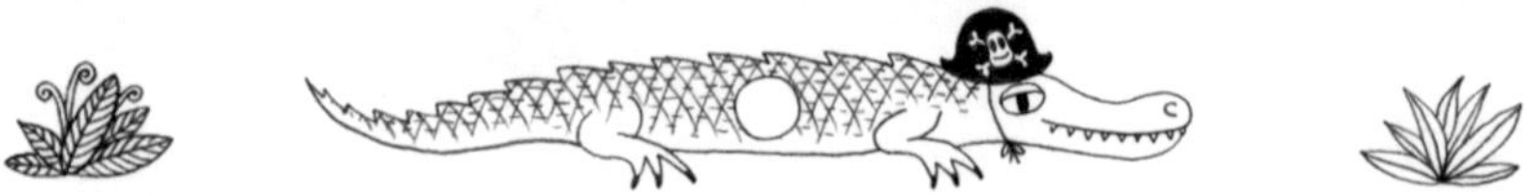

Lösungen und Lösungsvorschläge zu den Aufgaben von Kapitel 4: 4

1. Sicher hast du diese Sätze durchgestrichen:

~~Die verlorenen Jungen laufen von zu Hause weg, bevor sie in die Schule müssen.~~

~~Sie kneifen ihre Kindermädchen in den Arm.~~

2. Hier können wir dir keinen Lösungsvorschlag machen.

3. a) Diese Antwort könntest du auf die Linien geschrieben haben:

Wendy, John und Michael sind zusammen mit Peter Pan fortgeflogen.

b) Vergleiche deine Lösung mit der Lösung eines anderen Kindes.

4. Hier können wir euch keinen Lösungsvorschlag machen.

Lösungen und Lösungsvorschläge zu den Aufgaben von Kapitel 5: 5

1. Vergleiche dein Bild mit den Bildern von anderen Kindern.

2. Sicher hast du dieses Adjektiv (Wiewort) unterstrichen: <u>furchtlos</u>

3. Der Gefährlichste aller Piraten ist | J | a | m | e | s | | H | o | o | k |.

4. Kapitän Hook war früher der **Bootsmann**
des Piratenschiffs Schwarzer Korsar.
Peter Pan erzählt, dass er Hook im Kampf
die **rechte** Hand abgesäbelt hat.
Jetzt hat Hook einen **eisernen** Haken
anstelle einer Hand, seine **Klaue**.

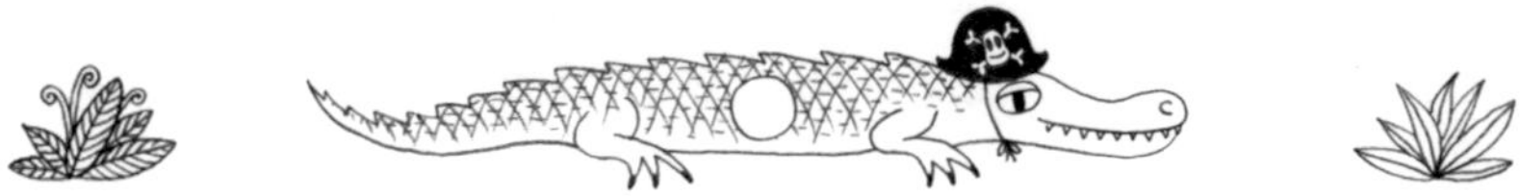

5.

6. Die richtige Antwort ist: ☒ „Wird gemacht, Kapitän!“

Lösungen und Lösungsvorschläge zu den Aufgaben von Kapitel 6: 6

1. a) Sicher hast du folgende Anfangsbuchstaben ergänzt:

Tootles, **N**ibs, **S**lightly, **C**urly

b) Sicher hast du Wörter und Jungen so verbunden:

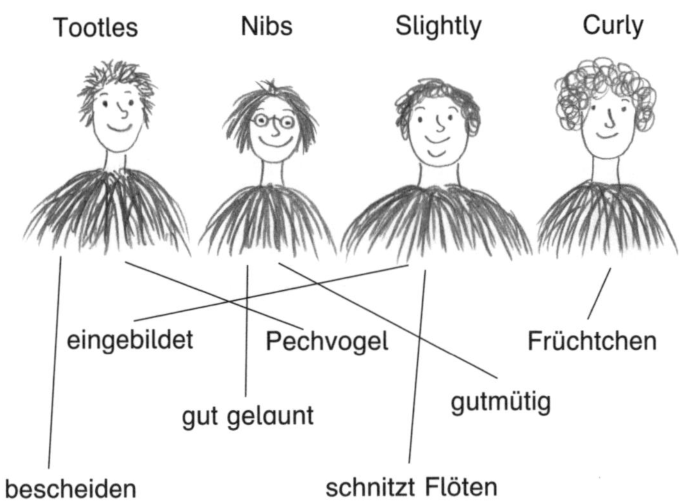

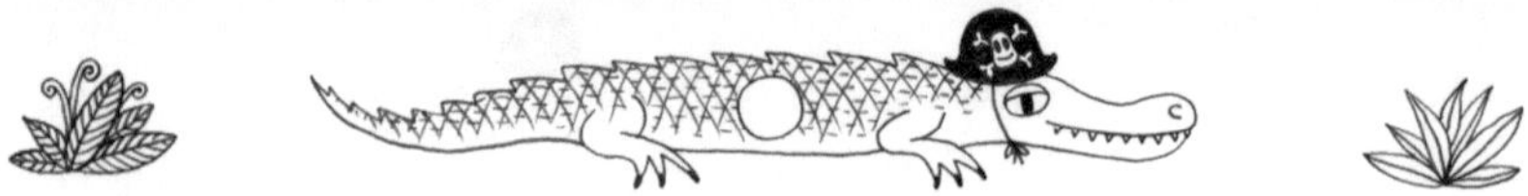

2. Über die **Zwillinge** wird nicht viel gesagt.

3. Sicher hast du diesen Satz unterstrichen:

Curly macht immerzu Unsinn und lauter Dinge, die Ärger einbringen.

4. Hier können wir euch keinen Lösungsvorschlag machen.

5. a) Diese Wörter könntet ihr zum Beispiel gesammelt haben:

Flagge, Totenkopf, Beute, Mannschaft, Schatz, Kampf, Kanonen, Ruder, Schiff, Fluch, Verbrechen, Rum, Kahn, Säbel, Dukaten, Gold, Ehre, Insel, Karte, Kompass, rächen, kapern, sinken, entern und viele andere mehr.

b) Hier sind einige Beispiele für Reimwörter:

Totenkopf – roter Zopf, armer Tropf
Beute – Meute, Leute
Kanonen – Millionen
Fluch – Tuch
Verbrechen – rächen
Kahn – Zahn, Wahn
sinken – winken

Schiff – Riff
Schatz – Katz
Säbel – Knebel
Ehre – Meere
entern – kentern
usw.

c) Hier können wir euch keinen Lösungsvorschlag machen.

6. Vergleiche dein Bild mit dem Bild eines anderen Kindes.

7. Diese Antwort könntest du aufgeschrieben haben:

Ein Kundschafter hat die Aufgabe, unauffällig die Umgebung nach Gefahren abzusuchen.

8. Vergleiche deine Lösung mit der Lösung eines anderen Kindes.

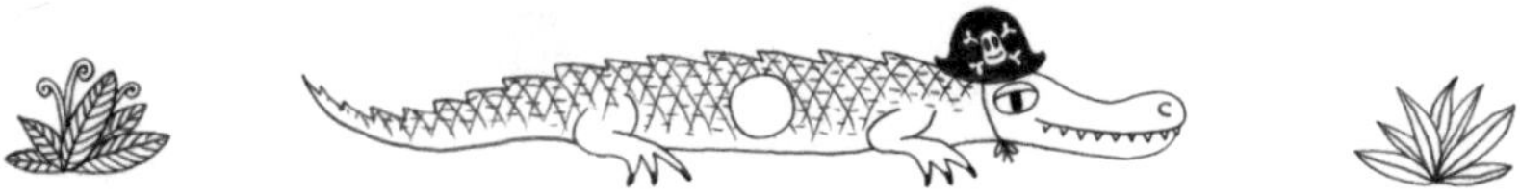

Lösungen und Lösungsvorschläge zu den Aufgaben von Kapitel 7: 7

1. Sicher hast du ein Krokodil in die Denkblase gemalt.

2. Sicher hast du einen Wecker neben das Krokodil gemalt.

3. Hook setzte sich auf einen großen **Pilz**.
Seit er saß, war ihm merkwürdig **warm**
geworden. Seltsam war auch der **Rauch**,
der aufstieg. Die Piraten riefen: „Ein **Schornstein**!“

4. Vergleiche deine Bilder mit den Bildern eines anderen Kindes.

5. Die richtige Antwort ist: ☒ John

Lösungen und Lösungsvorschläge zu den Aufgaben von Kapitel 8: 8

1. **a) und b)** Hier können wir euch keine Lösungsvorschläge machen.

2.

Die Piraten schlagen	wenn die Indianer gewonnen haben.
Diese Trommel wird sonst nur geschlagen,	freuen sie sich und verlassen ihr Versteck.
Als die Kinder die Trommel hören,	das Tomtom der Indianer.

3. P e t e r P a n

4. Hier können wir dir keinen Lösungsvorschlag machen.

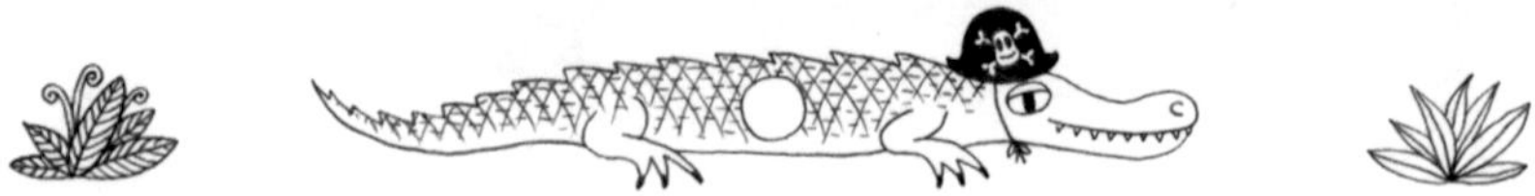

5. So könntest du die Antwort aufgeschrieben haben:

Die Piraten können Slightly nicht fesseln,
weil er zu dick und die Schnur zu kurz ist.

6. Sicher hast du dieses Bild ausgemalt:

Lösungen und Lösungsvorschläge zu den Aufgaben von Kapitel 9:

9

1. Sicher hast du ein Schiff in den Wegweiser gemalt.

2. Kapitän Hook findet Peter schlafend
auf dem **Bett**.
Er entdeckt Peters **Medizin**.
Hook selbst trug immer
das wahrscheinlich gemeinste **Gift** bei sich.
Davon tat er **fünf** Tropfen
in Peters **Tasse**.

3. Sicher hast du das Gift in der Flasche gelb ausgemalt.

4. Hook könnte zum Beispiel gemurmelt haben:
„Ich werde Peter Pan vergiften."

5. Die richtige Antwort ist:

☒ Sie fliegt zwischen Peters Lippen und die Medizin
und trinkt die Tasse selbst leer.

6.

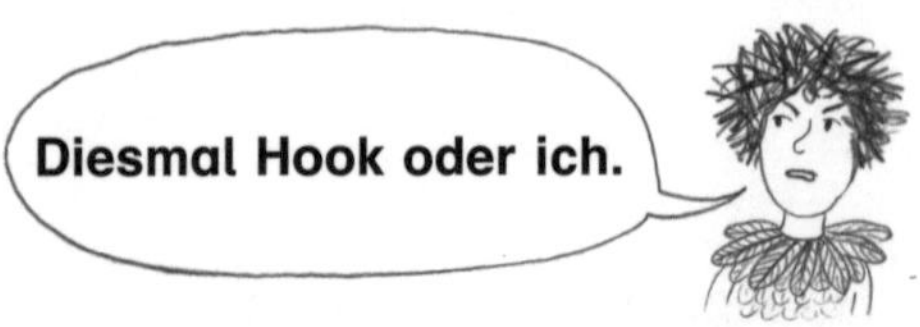

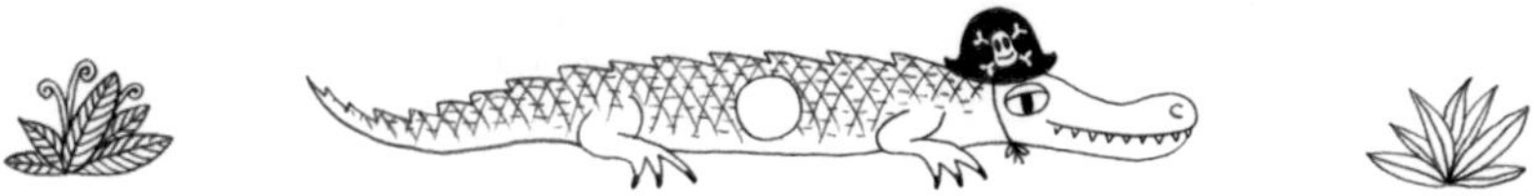

Lösungen und Lösungsvorschläge zu den Aufgaben von Kapitel 10: **10**

1.

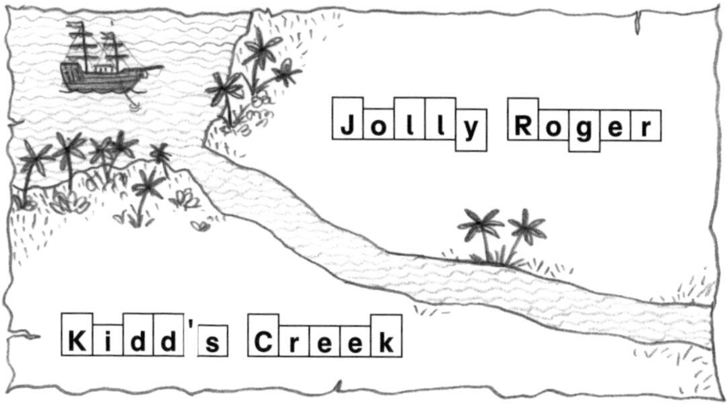

2. **a)** Hier können wir dir keinen Lösungsvorschlag machen.

   b) Die Piraten legen eine **Planke** so über die Reling, dass sie wie ein **Sprungbrett** im Schwimmbad benutzt werden kann.

3. Hier können wir dir keinen Lösungsvorschlag machen.

4. Hook hört **ein Ticktack**.
   Das Geräusch macht **Peter Pan**.

5. Sicher hast du diese Person unterstrichen:

   <u>der Steuermann</u>

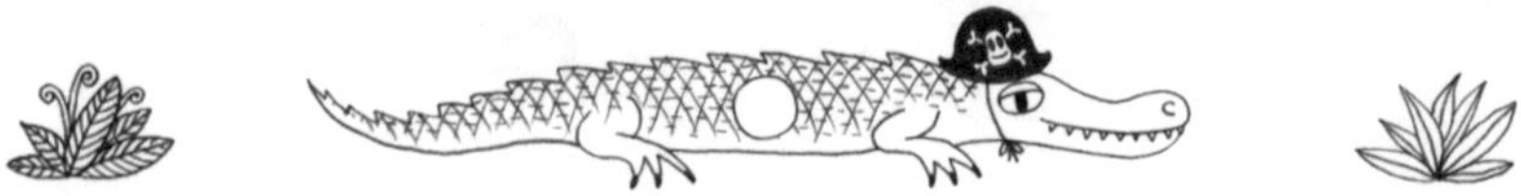

Lösungen und Lösungsvorschläge zu den Aufgaben von Kapitel 11: 11

1. a) und b) Hier können wir dir keine Lösungsvorschläge machen.

c)

2. Sicher hast du diesen Kasten ausgemalt:

Wenn ein Mann mehr an Bord ist als ausgemacht, dann glauben die Matrosen, dass das Schiff verflucht ist. Dann soll der Teufel an Bord sein.

3. Als Peter Wendy befreit hatte, **flüstert** er ihr zu, sie solle sich mit den anderen **verstecken**. Er selber stellte sich **an den Mast** und zog **ihren Mantel über**.

Lösungen und Lösungsvorschläge zu den Aufgaben von Kapitel 12: 12

1. Sicher hast du dieses Bild farbig ausgemalt:

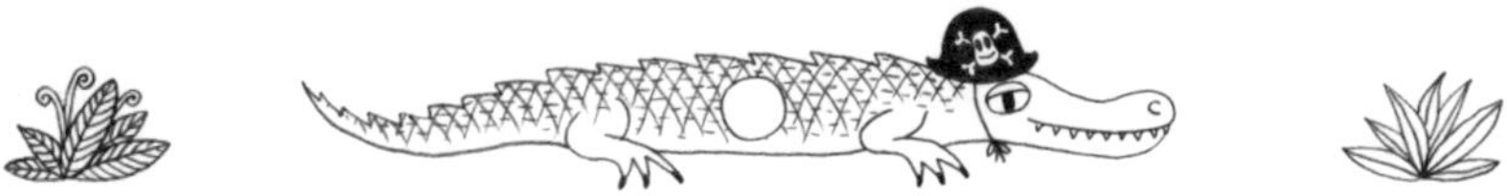

2.

3. a) Sicher hast du diese Wörter schwarz eingekreist: Ende, Tod.
b) Sicher hast du diese Wörter rot eingekreist: Unglück, Schicksal.

4. Kapitän Hook gewinnt den Kampf. ☒ falsch
Die Kinder machen sich auf den Heimweg. ☒ richtig
Wendy steuert das Schiff. ☒ falsch
Dann fliegen sie nach Hause. ☒ richtig

Lösungen und Lösungsvorschläge zu den Aufgaben von Kapitel 13: 13

1. Sicher hast du das offene Fenster ausgemalt.
Du könntest geschrieben haben: **Das Fenster steht offen.**

2. Die richtige Antwort ist:

☒ Die Kinder kriechen schnell in ihre Betten.

3. Hier können wir dir keinen Lösungsvorschlag machen.

4. Vergleiche dein Bild mit dem Bild eines anderen Kindes.

5. Hier können wir dir keinen Lösungsvorschlag machen.

6. Vergleiche deine Lösung mit der Lösung eines anderen Kindes.
Tauscht euch dabei über die Insel Niemalsland aus.

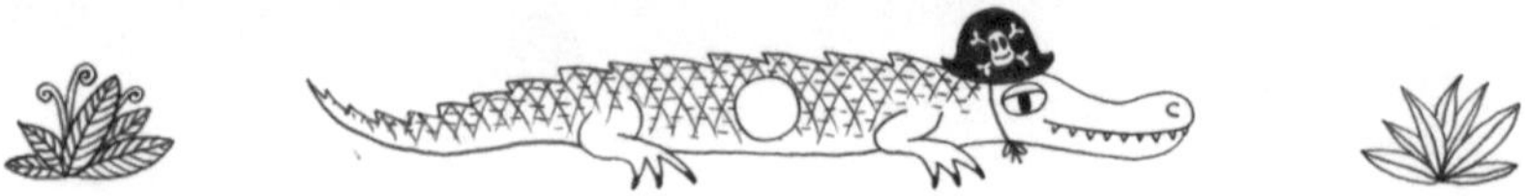

Lösungen und Lösungsvorschläge zu den Aufgaben von Kapitel 14: 14

1. a) und b) Hier können wir dir keinen Lösungsvorschlag machen. Auf Seite 39 kannst du noch einmal über die Jungen nachlesen.

2. a) Peter will in die Schule gehen. ☒ nein
Er will immer ein Kind bleiben. ☒ ja
Peter will später ins Büro gehen. ☒ nein
Er will unbedingt einen Bart haben. ☒ nein
Peter will bei den Feen wohnen. ☒ ja
Er will eine Menge Spaß haben. ☒ ja
Peter will ein Mann werden. ☒ nein
Er will in den Bäumen leben. ☒ ja

b) Hier können wir dir keinen Lösungsvorschlag machen.

3. Eine Fee wird geboren, wenn **ein Baby zum ersten Mal lacht**.

4., 5. und 6. Hier können wir dir keine Lösungsvorschläge machen.